和秋叶一起学

个人品牌技能指南

9种技能打造个人影响力

秋 叶 • 著

人民邮电出版社

北京

图书在版编目（CIP）数据

　　个人品牌技能指南 ：9种技能打造个人影响力 / 秋
叶著. ─ 北京 ：人民邮电出版社，2021.9（2022.7重印）
　　（和秋叶一起学）
　　ISBN 978-7-115-56926-4

　　Ⅰ．①个… Ⅱ．①秋… Ⅲ．①品牌－企业管理－指南
Ⅳ．①F273.2-62

　　中国版本图书馆CIP数据核字(2021)第133174号

内 容 提 要

　　本书从如何打造个人品牌的角度出发，系统地总结了打造个人品牌必备的 9 种技能，分别是故事力、视觉化、直播力、写作力、演讲力、短视频、社群力、传播力和学习力。这些技能紧跟时代发展，每个技能都有相关案例分析和实操指导，切实可行，能帮助读者讲好一个品牌故事、管理视觉形象和提升个人学习能力，通过直播、写作、演讲和短视频传播等方式，扩大个人影响力。

　　本书适合新媒体和电商从业者、各行业培训师等阅读。读者可以按照书中的指导方法，通过学习本书中打造个人品牌必备的 9 种技能，去打造属于自己的个人品牌，放大自己的专业影响力，增加职场价值。

◆ 著　　　　　秋 叶
　　责任编辑　李永涛
　　责任印制　王 郁　彭志环
◆ 人民邮电出版社出版发行　　北京市丰台区成寿寺路 11 号
　　邮编　100164　电子邮件　315@ptpress.com.cn
　　网址　https://www.ptpress.com.cn
　　三河市中晟雅豪印务有限公司印刷
◆ 开本：700×1000　1/16
　　印张：14　　　　　　　　　2021 年 9 月第 1 版
　　字数：226 千字　　　　　 2022 年 7 月河北第 6 次印刷

定价：69.90 元

读者服务热线：(010)81055410　印装质量热线：(010)81055316
反盗版热线：(010)81055315
广告经营许可证：京东市监广登字 20170147 号

前言 开启你的升级"打怪"之旅吧

如今是个人品牌的时代。

打造个人品牌本来就是职场人追求更高发展阶段的一条路径。个人品牌的建立初衷就是在职场中扩大自己的专业影响力，让更多的人认可自己的专业能力，从而让个人职业价值最大化，为自己的事业创造更多的可能性。

在未来，一个人拥有多少财富是他过去能力的证明；一个人个人品牌影响力的大小，是他未来商业潜力的标志。

相对于普通人，有个人品牌的人做事容易事半功倍。也许每个人都梦想过成功打造自己的个人品牌，网上的"网红"故事也在为我们的梦想推波助澜。然而只有少数人成功打造了个人品牌，绝大多数人都半途而废了。

很多人认为"名气就是个人品牌"，以为名气越大，个人品牌就做得越好。于是，为了获得名气，有的人就通过恶俗炒作等博人眼球。或许这样不健康的宣传方式能让你暂时获得一些人气，但绝对不能帮你塑造良好的个人品牌形象。

用炒作的方式去提升自己的知名度，在短期内能有一些作用，但个人品牌最终比拼的还是一个人能提供给大众的价值。个人能提供的价值是由你的专业能力、知识积累、道德修养、审美品位、传播技能等多个要素所构成的。

没有专业能力，打造个人品牌就是空谈。但只有专业能力，缺乏传播技能，打造个人品牌还是困难重重。

普通人如何"逆袭"打造个人品牌？这或许是平凡却又不甘于平凡的你内心最真实的疑问。而我——本文作者秋叶大叔的故事，也许能给你一些启发。

我出生于湖北黄冈的一个普通家庭，父母从事着普通的工作，我从小过着普通的生活。如果一定要说有什么不普通的地方，大约就是从小自立自强的母亲便向我灌输"自己的路要自己走，遇到困难要自己扛"的观念。

考上大学后，从本科到研究生，我学了7年机械专业。原本我对自己的人生有着清晰的规划：毕业后进入机械企业，在自己并不喜欢但只会的这个专业方向上找个工作先做着。然而，生活处处充满惊喜与意外。研究生毕业后，我阴差阳错地接到了IT公司抛来的橄榄枝。在IT公司，我接触了互联网，开始在网上分享自己的文章，慢慢积累了一点个人影响力。

后来的故事，大家都知道了。我从博客到微博，从微信公众号到短视频，从写作者到直播人，把握住了每一个关键的时代风口，让自己成为百万畅销书作者，把秋叶系列网课做成了职场在线教育品牌，将公司规模扩大到了100人，被《中欧商业评论》纳入在线教育案例库研究。而我也成了时常在自媒体上和大家聊人生、聊技能、聊方法的中年"网红"大叔。

我还被邀请到TEDx舞台分享经验，接受很多媒体的采访和报道，被评为武汉市"十佳创业导师"，成为教育部首批双创导师。当然，我也没有因打造"网红"身份而忽视自己的本职工作。

或许，从我的经历中，你看到的是一个成功者光鲜亮丽、催人奋进的发展之路，而在我看来，它只是一个普通人坚持不懈、由量变到质变的故事。

我想告诉你的是，美好人生是运营出来的，所有的"逆袭"故事，都离不开对人生的科学运营。这里的运营不仅是指明确努力的方向，树立努力的目标，更是指掌握努力的方法和技巧。

以我自己为例，在该学习、沉淀的年龄，我选择了努力学习，这是一种人生选择；在时代红利面前，我选择打造个人品牌，切入了正确的赛道，这也是一种人生选择；在个人品牌上做出成绩后，我并没有选择停滞和安逸，而是保持初心，一直走在学习、提高的道路上，努力踮起脚尖看更美的风景，这依然是一种人生选择。

如今，在我完成了从一个普通人到别人眼中"成功者"的"逆袭"后，我更希望的是将我的心路历程和人生经验分享给更多未来可期的年轻人，给予他们更多人生启迪，引领他们走向不一样的人生。

关于个人品牌，除了专业技能，我们还必须有相应的传播技能。没有传播技能是很难打造好个人品牌的。这些必需的传播技能就包括本书中介绍的讲故事、视觉化、直播、写作、演讲、短视频、社群和自我管理等。

有了专业能力、知识积累和传播技能，我们还需要系统学习个人品牌打造的方法论，这就是《个人品牌7堂课》中所介绍的打造个人品牌的具体策略和变现设计。

待个人品牌趋于成熟，我们就需要从一个人变成一个团队，走向团队专业化运营。我们需要学习商业经营知识，形成创业者思维。这正是本书所提倡的。

我和我的团队未来希望围绕相关核心能力展开培训，做版权课程，出版专题图书，帮助大家更全面地提升打造个人品牌所需的高级技能。

本书结合了我的个人经历，分析并总结了适用于绝大多数普通人打造个人品牌的传播技能。希望我总结的内容，能帮助所有有理想、有抱负、不甘平庸的你们，了解相关思维、方法和技巧，从而更快地打造成功的个人品牌，扩大影响力，并且实现自身价值最大化。

作为一名务实的教育工作者，一位靠"干货"取胜的"网红"大叔，我在写作时尽量少讲空话和大道理，而是提供更多落地、实操、有借鉴意义的方法和技巧。希望本书能让大家觉得言之有物，希望本书的内容经得起时间的考验和实践的检验，能够让大家真正受益。

有人曾说：人生没有白走的路，每一步都算数。而我想说：年轻人，请用心经营自己的人生，一步一步往前走。星光不负赶路人，终有一天，时间会给你最好的答复。

与君共勉！

秋 叶

2021年6月

目录

前言 开启你的升级"打怪"之旅吧

1. 故事力：讲好你的个人品牌故事

2. 视觉化：要想被记住，先要被看见

3. 直播力：让你的个人品牌变得有温度

4. 写作力：用写作构建可持续的流量池

5. 演讲力：会演讲的人更能让人记住

6. 短视频：让每个人都看见你

7. 社群力：发现并留住你的"铁粉"

8. 传播力：善用媒体放大自己的能量

9. 学习力：构建自我进化的人生管理系统

故事力：讲好你的个人
品牌故事

"讲故事将会成为21世纪最应具备的基本技能之一。"

——美国著名未来学家、趋势专家丹尼尔·平克（Daniel H. Pink）

"做好营销就是讲好品牌故事。广告就是向顾客以及潜在顾客讲述品牌故事。它是与公关和促销并列的工具。"

——全球营销战略大师杰克·特劳特（Jack Trout）

"不管是日常社交还是职场，做营销还是做管理，只要你想影响其他人，那讲故事的能力就是你不能缺的核心能力，而很多人偏偏缺的就是这个。"

——得到创始人罗振宇

让一个陌生人认识你、了解你、认同你并信任你，最快的方式就是讲好的你个人品牌故事。

没有多少人有兴趣去认识一个做PPT的人，但如果你说有一个普通话不好的大叔，30多岁才开始学PPT，如今依靠PPT已经拥有一个年销售额达5000万人民币、员工数过百的公司，相信大部分人会产生好奇心，想去了解这个做PPT的大叔的经历。嗯，这个人就是本书作者秋叶大叔。

1.1
不要宣传稿，而是个人品牌故事！

拥有20多年高管经验的留美博士高琳在《故事力》一书中，讲了一个自己在临近毕业时的一次面试中，通过讲故事面试成功的例子。

那个故事是：过去没有手机，老板出差前让高琳给他住的酒店发一个传真，但把酒店的名字说错了，结果高琳一家一家把当地所有五星级酒店的电话都打了一遍，最终找到了老板的酒店，成功地把传真发了过去。

这个故事很短，但面试官却越听越感兴趣，还一直问"后来呢"。结果，高琳就凭这个小故事，在离毕业还有3个月时就稳稳拿到了世界500强企业管培生的录用通知。

柏拉图说，"谁会讲故事，谁就拥有世界"。

面试的时候讲好故事，会让面试官认为你就是他们要找的那个人；

销售的时候讲好故事，客户就能心甘情愿地埋单；

工作汇报的时候讲好故事，能让领导快速认可你；

相亲约会时讲好故事，能让对方觉得你是那个三观一致、趣味相投的人；

创业时讲好故事，就能打动投资人，打动人才，得到投资，组建团队。

如果我们注意观察，会发现，成功打造个人品牌的人，都是有故事的人。

提到任正非，我们马上能想到他的穷苦出身和他创建华为的故事；提到马云，我们马上能想到阿里巴巴创业早期挖到蔡崇信、关明生的故事；提到马化腾，我们马上能想到他半夜回复程序员信息的故事。

这些企业创始人之所以有名气，能让大家记住，一方面是因为他们拥有财富标签，另一方面也是因为他们成功的背后有着好故事。他们的故事是出版社、新媒体、"段子手"大爱的素材，故事的持续传播也源源不断地为他们吸引了更多的注意力，为他们带来了更高的关注度。而他们新的业绩传奇、新的人生经历又不断令人们想起他们过去的故事，让新的故事成为流传着的故事中的一部分。

打开微信视频号，人们经常会刷到一些爆款视频号。号主用短视频讲述自己的人生经历，内容让很多人产生共鸣，大家感动之余纷纷点赞，视频就得到越来越广泛的传播，一下子让很多人记住了号主。反过来，也有很多人每天坚持更新"干货"短视频，渐渐就没有什么人看了。这倒不是说拍"干货"短视频就不对，但从让人记住你的个人品牌角度出发——好故事最有传播力。

我们普通人介绍自己的方式，不是围绕着自己的职业，就是围绕着自己的经历，是哪里的人，在哪里读书，在哪里工作，跳过几次槽，现在在做什么，信息详尽，但大家都不想看。这是履历表，不是"个人品牌故事"。

在微信群也有很多社群活跃分子，会用不一样的方式展示自己的个人经历，比如用下面的模板。

微信昵称：

个人简介：

职业标签：

我能提供给大家的资源：

我想要链接：

这样的自我介绍方式显然就比履历表更吸引人，因为它突出的是"我能为你带来什么价值"，而不是"我的经历"。大家看懂你的自我介绍后，有心的人也许会去链接（指一个人因为具有某种特质或能提供某种资源、服务，从而吸引其他人与其产生联系）你。

但这样的自我介绍依然缺乏故事性，人们的反应很可能是"哦，我知道了"。这样的个人品牌故事并不足以带动大家去链接你。

网上有人把自我介绍模板进行升级，改成"6个1"模式，效果会完全不一样。

1个身份：开门见山，突出你的职业。

1个权威：用权威机构和名人背书，比如你服务过某些知名的客户、你曾在某大型公司工作、你师从某名师等。

1个第一：你曾在某个细分领域做到第一的成绩。

1个数字：展示你帮助了很多人做到了什么事。

1个链接：表达你很乐意为大家提供哪些方面的服务。

1个礼物：送大家一个礼物，方便链接潜在客户，扩张人脉。

在加入一个新社群的时候，用"6个1"模式进行自我介绍，会不会很吸引人？这里面的关键就是有故事：你链接关键人物，是故事；你帮助很多人，是故事；你做到第一，更是故事。你的特长只是你介绍自己的一个标签，但你说这个标签让你链接过知名企业并为之提供服务，让你帮助关键人物解决问题，让你帮普通人改变了自己，这背后肯定有故事，就很容易激发大家对你的好奇心。你再抛出信息，让大家知道你愿意提供哪些帮助，而且送出一份礼物表示诚意，我相信这会吸引更多人链接你。

一个简短的自我介绍，其实应该是一个微个人品牌故事。好的故事结尾要设置一个让别人立即采取行动的明确指示，给别人一个主动链接你的理由；同时要记得"稀缺性原则"，限时限量，让对方立即行动。比如在刚才的自我介绍中，最后你可以说"现在添加我为好友，送你××礼物""我能立即帮你约××，仅限×个名额"。

有意思的是，尽管很多官方宣传稿也会突出报道典型人物，这样的人物不缺身份，不缺业绩，但为什么大家记不住他们的故事呢？是不是因为大家认为这是官方报道，不是个人品牌故事呢？

下面是我的一段演讲。

今天大家邀请我来做分享，是觉得我是一个知识"网红"，是成功打造了个人品牌的人，还帮助很多人打造了个人品牌，所以大家希望我讲一讲如何打造个人品牌。其实当众演讲就是打造个人品牌的一个好办法。

我一直觉得我是最不适合做演讲分享的人，因为从小到大，我口齿不清，别人都叫我"大舌头"。像我这样的人，怎么可以去做演讲，做分享？但今天我居然成为大家眼里的"网红"，成功打造了个人品牌，拥有千万粉丝。

今天来到现场的朋友有没有听过我的分享？有的话请举一下手。哇，还真不少，非常感谢！（哇，今天都是新朋友，太开心了，能认识这么多新朋友，特别感谢我们主办方，太谢谢了，给大家这么隆重地介绍我。）

今天我就想和大家聊一聊我战胜内心恐惧并成为一个演讲达人背后的五个小秘诀，希望对大家打造个人品牌有帮助，好不好？

这个开场就比很多宣传稿更吸引人，更符合个人品牌故事的要求。为什么会这样？是因为个人品牌故事和宣传稿有几个重要的区别。

1. 用第一人称讲述才能激发共鸣

宣传稿和个人品牌故事都会谈自己的经历，但宣传稿一般是由记者以第三人称介绍一个人，侧重事实介绍，而我们讲个人品牌故事，是站在"我"的视角谈自己的故事，会谈到许多个人的心理活动。

恰恰是坦诚地描述个人真实的心理活动才能激发别人的共鸣。别人可能会想：原来不只是我，他也是这样走过来的。这是个人品牌故事和宣传稿一个很大的区别。

2. 个人品牌故事必须强调个人标签

一个好的个人品牌故事必须强调你和别人定位上的区别：通过这个故事，你希望别人记住你是个怎样的人。

在刚刚的一段演讲稿中，出现最多的词是什么？是"个人品牌"。

过去，我的标签是PPT，所以不管在哪个场合，我都会谈PPT。今天我想升级自己的个人品牌，把标签升级到打造"个人品牌"赛道，所以整个故事中自然会强调"个人品牌"这个关键词。

宣传稿会突出主旋律，你的工作业绩恰好体现了时代主旋律，但是个人品牌故事会更突出你的成功和你的个人定位的联系。所以两者在写法上还是有很大区别的。

3．冲突前置

讲故事有两种常见的逻辑，一种是按时间线展开，宣传稿往往会这样写；另一种是把关键冲突前置，个人品牌故事往往这样讲。

如果我们按时间线慢慢展开矛盾或冲突，然后再给出答案，通常没有吸引力，缺乏悬念，难以吸引大家继续听。

好的个人品牌故事会把冲突前置，让大家一下子看到自己感兴趣的矛盾或冲突，就好比我说自己是"大舌头"，本不应该成为演讲高手，那这样的人是如何"翻盘""逆袭"打造个人品牌的？如果这个悬念能抓住大家，那么分享者就把握住了主动权。我们要让听众产生好奇心，想主动去寻找答案，一步步引导他们进入故事"内核"。

这种沟通方式让人舒服且印象深刻，充满戏剧性。但如果你为了制造冲突而冲突，会让你的冲突场景脱离听众的正常逻辑认知，那么他们将无法接受你的故事，这一点也是要注意的地方。

4．突出爆款事件

会讲个人品牌故事的人，都天然懂"凡尔赛体"。"凡尔赛体"是指一种低调的自我炫耀，不经意地让大家注意到你想要炫耀的东西，但文字还要显得你觉得这没有什么了不起的。宣传稿会主动表扬一个人的成绩，大家对一个人的认同来自对官方媒体公信力的认同，这一点和个人品牌故事要努力自证还是不一样的。

毕竟你需要在个人品牌故事中列举关键事实，让大家了解你过去的业绩，从而提高大家对你故事的关注度和信任度。如果你一点也不厉害，你讲的个人品牌故事就会受到质疑："凭什么我们要听你的故事？"

所以在前面的演讲中，我强调自己到处演讲，有千万粉丝，然后用现场互动的方式让大家见证"铁粉"的热情，激发大家的信任、认同；万一现场"铁粉"很少，就要借助主办方的影响力为自己赋能，让大家产生信任感。毕竟让大家知道今天的嘉宾有千万粉丝是一件很重要的事情。

5．重复、重复，再重复

好的个人品牌故事、得到大家认同的品牌故事，需要不断分享、不断重复。不要每次都讲一个新故事，而要不断将你过去的故事讲出新的认知、新的亮点、新的细节、新的业绩。

营销中最厉害的一种传播方式就是不断重复，没有之一。我们可以不断重复传播你的核心故事，也可以在你的故事中有意识地反复强调你的个人品牌标签，这些都是讲好个人品牌故事要注意的。

这一点我们反而要学习宣传稿模式。好的宣传稿为什么一样能产生巨大的影响力？除了宣传稿本身着力于把一个人写得生动、接地气之外，广泛且反复地宣传报道也起到了一定作用。

有了你的个人品牌故事，请开始你的疯狂"刷脸"之旅吧。

1.2
能吸引人听下去的故事才是好故事

有的人苦恼于自己说话没影响力，别人听不进去；有的人得到社交发言或做演讲的机会，说了一大堆的话，但还是不能让别人记住自己。

产生这些困扰，是因为你不会讲故事。

一个好的个人品牌故事，掌控的是人心和人性，能带领听众一起经历大起大落、人情冷暖、悲欢离合，感受生死离别，一起痛、一起哭、一起笑。一个好的个人品牌故事，必然是有亮点、有价值、有共情的（见图1-1）。

图1-1　好的个人品牌故事

奥地利精神病医师、心理学家西格蒙德·弗洛伊德（Sigmund Freud）有一个关于"窥视"的理论，他认为："偷窥源自人类天生的好奇心，是人人都具有的欲望。"

有着未知且让人难以预测结果的亮点，这样的故事才更能引人听下去。有的故事你一开口讲，对方就会让你停下，因为他们很快猜到了结局，自然没有听下去的兴趣。

那么，什么样的故事才是有亮点的故事呢？

1. 制造"意外"

有亮点的故事最重要的要素是制造"意外"，即不按照大多数人理解和期望的那样呈现出故事的A面，而是呈现出令大多数人意想不到的B面（见图1-2）。

图1-2　故事的 A 面和 B 面

我在聊到"在未来5年的职业规划里，你希望成为怎样的人"这一问题时，曾讲过这样一个故事。

当年高考，我以为自己能妥妥地进一本，没想到考了个二本。毕业后，我信心满满找工作，没想到别人只给我开不到2000元的工资。被逼无奈，我去考了研，读了7年的机械，没想到面试机械企业受挫，最后进了IT公司。好不容易熬到月薪5000元，老婆怀孕，我跳槽去大学当老师，月薪又回到2000元。但正是这2000元的工资逼着我开始谋求各种兼职，从此辅修各种技能，一路"打怪升级"走到今天，成了一个中年"网红"。现在，我的自媒体账号粉丝加起来有上千万，我的公司也从几个人扩展到了100多人。你说我的人生一开始就目标明确吗？是按计划来的吗？没有吧，但我想到就做，也成功了。我觉得人生没有标准答案，勇敢行动的年轻人更容易成功。

在这个故事中，我一直在总结我人生的各种"意外"。这些"意外"既是故事的关键转折点，也是故事的重要内核。一方面，它们让整个故事变得不那么平淡；另一方面，它们也充分展现出了我的"非常规"人生，体现出了我的特别之处，增加了故事的记忆点。这就是一个有亮点的故事，充满了传奇色彩，自然就能吸引人们听下去。

意外、奇怪、诡异和充满转折的事情总是能激起人们内心窥视的欲望。有了奇怪事件和意外转折，你的故事就有了吸引力。

2. 有冲突，而不是流水账

冲突，就是不合常理。其实每一件事都有不合常理的地方，但冲突点怎么找？比如，"北大毕业生创业"，这不是一个好故事。但如果我们讲"北大毕业生创业养牛"，这就不合常理了，形成了冲突。

一个好故事中的冲突应该与期盼和障碍有一种巧妙的联系（见图1-3）。

图1-3　冲突与期盼和障碍的联系

一个人需要通过讲故事说服大家认同自己。该如何说服呢？

首先，你需要在故事中告诉大家自己奋斗背后的"诱惑"（期盼），例如高薪工作、爱情机会、创业赚钱等；其次，你要告诉大家你遇到的阻碍。当然，这里的"阻碍"不能是真的阻碍，讲述这种阻碍的目的是让大家知道很多人都会遇到这样的阻碍，只是很少人选择坚持，大部分人选择了放弃。

我是这样讲自己开"直播训练营"的故事的。

2020年1月31日早上9点，当时很多线下教育机构迫切需要转型线上以求生存。我就在想，要不开个直播训练营解决大家的线上卖课之难？因为在线上教育市场不够景气的情况下，我一直在直播卖课，效果很好，业绩同比不降反升，很多人来问我是怎么做的。于是，我萌生了开直播训练营的念头。

但当时我面临着一个很大的障碍——我的团队小伙伴分散在全国各地，处在隔离状态，而我们的大本营在武汉，项目的推进非常有难度。

我联系了秋叶商学院的负责人晓露，问她怎么想。

晓露说，这个事情值得做。好，那就做。

可是在项目推进过程中，设计师不在身边，文案人员也不在身边。好不容易联系上，设计师说家里没电脑，做图不方便，文案人员说资料都在公司电脑里。晓露那边的情况更不好，因为她是从武汉回老家的人，直接被隔离到了一个小房子里，连网络都没有。

天公不作美，当时我都以为事情做不成了。结果晓露对我说："大叔你放心，我已经谈好了外包，只要大纲能出来，设计、文案等方面的问题通通都能解决。"

那天晚上8点，我把大纲写出来，团队小伙伴则在晚上12点把海报、文案、招生策划案全部搞定。第二天，我们推出了文案，当天就招到200多名学员。在7天的时间里，共有500人报名。而这一切都是团队小伙伴在没电脑、没宽带，彼此只能远程联络的条件下完成的。即使条件不利，只要手机有电，就挡不住我们。

我分享这个故事后，学员纷纷表示太棒了。很多人需要这个课程，于是也报了名。

这个故事的背后其实是"英雄之旅"的故事套路。

目标： 我打算开一个直播训练营。

障碍： 公司在武汉，但员工分散在全国各地，几乎都在隔离，沟通困难。

努力： 尝试联系晓露，得到支持。

挫败： 联系设计师和文案，发现资料和电脑都在公司，办公艰难。

意外： 晓露的鼓励以及迅速切换为外包方案。

转折： 我当天写出大纲，小伙伴们密切配合，搞定其他筹备工作。

结局： 训练营推出当天报名200多人，7天共报名500人。

1.2.2　有价值，能给人一定的启迪

好的个人品牌故事要有价值，要能给人一定的启迪。

1. 借故事说明某个道理，表达某种观念，表明某种态度

我曾和大家分享过这样一个故事。

我小时候因注射抗生素而听力受损，这也严重影响了我的发音。身边的人说话声音不够大，我就听不清。这曾经是我的心结，让我觉得人生毫无希望。但我慢慢说服了我自己：你只能把自己当作一个正常人去竞争，而且必须比其他人做得更好。靠着这股拼劲走到今天，我成了一个靠嘴吃饭的人。我在全国各地演讲，我给学生上课，我给网友直播答疑、讲"干货"……"能说会道"慢慢成了别人对我的评价，大家都说我的发音是一种特色。结果，我最大的劣势成了我的特色。

在这个故事中，我表达了这样一种观点：**让劣势成为自己的特色也是一种人生选择。**

这个故事引发了听众的思考，带给了他们一些启迪。借助这个故事，听众也会更加了解我的经历，对我产生更多的理解、信任和喜爱。

2．在故事中加入激励元素，让故事具有正能量

抖音上很火的"彩红夫妇"中的妻子曾分享自己的成长故事。在这些故事中，她分享了自己从一个"学渣""逆袭"成营业部经理，从租住8平方米的出租房到拥有两套房产的成长之路。这些故事没有华丽的语言，没有复杂的情节，她只是以自己的亲身经历，讲述了一个个生动的故事，给自己的品牌增添了正能量。

这种在经历无数失败之后获得成功的励志故事，经常会给听众的心灵带来强烈的震撼，它能激励很多也想"逆袭"的普通人。"彩红夫妇"因为这个故事，得到了更多人的关注、信任和喜爱，不仅粉丝暴涨至254万，他们自己也成为商家和品牌争相合作的电商主播。

1.2.3 有共情，能让人产生共鸣

一个好的个人品牌故事要打动对方，就要找到对方与你的情感共鸣点。

聚美优品创始人陈欧在创立企业时，认为CEO自我营销是一种省钱的办法，但董事会内部对此有过激烈的争论。开会时，大家认定陈欧应该低调，给人踏实做事的印象，但陈欧却坚持为自己代言。他在广告里讲了这样一段话：

你只闻到了我的香水，却没看到我的汗水；

你有你的规则，我有我的选择；

你否定我的现在，我决定我的未来；

……

我是陈欧，我为自己代言。

陈欧站在大家面前，缓缓道出属于他自己的这段话，一瞬间就感动了无数观众。质朴的话语，没有丝毫华丽的辞藻，他也没有过多宣传自己的产品和品牌。他只用简单的几句话就把年轻一代所遭遇的困难平淡地描述出来，话不多，却足以恰到好处地引起年轻一代的情感共鸣，并向我们展示出年轻一代的魄力和对理想的追求。又有谁能够抗拒这样的故事的魅力，而不铭刻在心？当然，后来聚美优品的发展遇到挫折，但这并不是个人品牌故事的失败，而是企业经营管理决策上的问题。

一个故事能使人们产生的共情可分为三个层次：经历共情、感受共情、价值观共情。不同层次的共情让听众产生的情绪反应也不相同。

1．经历共情

经历共情意味着故事里的某种经历能够映射听众的曾经，让他们回想起自己的过去，历历在目。

比如，在一些怀旧的青春电影里，我们常常会看到一些"80后""90后"很熟悉的情节——跳皮筋、打弹珠、听周杰伦的唱片、烫"非主流"发型等。这些情节很容易引起"80后""90后"的共鸣，让他们回想起自己小时候的种种经历，这是一种典型的经历共情。

再比如，在抖音上有个很受欢迎的短视频主题叫"一个普通男孩/女孩的十年"。里面提到了曾经年轻人爱穿肥大衣服，先比"耶"拍照，后来"杀马特"侧脸拍照，还有"非主流"时期的染发等。

这条短视频故事发布后，获得了80多万点赞。它受欢迎的原因之一，正是故事里的许多情节都是"80后""90后"网友的共同回忆，能引发他们的共鸣。

每代人的经历都不一样，即便是同一代人，同样的经历带给他们的感受也会有区别。因此，经历引发的共鸣往往不够精准且范围较小，具有一定的局限性。在使用这种共情技巧讲个人品牌故事时，你首先应该确定听你讲故事的人是否和你生活在同一个时代，有没有和你一样的经历。

2．感受共情

感受共情意味着故事传递的某种情感和感受，比如委屈、无助、遗憾、愤怒、喜悦、幸福等，能唤起听众心中曾经的感受，从而使他们产生共鸣。

在题为《中年叛逆》的演讲中，演员刘敏涛给大家讲了这样一个故事。

在2013年以前，刘敏涛一直都是叛逆的绝缘体，符合一个社会对于女性的标准预期，家教森严，认真读书，从中央戏剧学院毕业之后，拍了几部大戏，结婚生女，开始了相夫教女的生活，但婚后的生活却聚少离多。2013年的一个夏夜，她躺在床上，思考自己人生的轨迹，看清自己灵魂深处的孤寂……

在这个故事中，刘敏涛传达出的对婚姻的隐忍以及在婚姻中产生的孤寂、失望、不值得的情绪打动了一众有同样感受的女性，引发了很多女性的共鸣。而她传达出的不想在神采飞扬的大好年华活得卑微而苍白的愿望，也感染并鼓舞了许多人。这是典型的感受共情。

相比于经历共情，感受共情更高阶，也更容易实现。不同于每一代人都生活在不同的时代，每一个人都有不同的经历，人的情绪和感受只有那么几种，在同一种文化里，描述情绪和感受的词语也不多，很容易引发共鸣。

比如，遇到困难时，你会感觉焦虑、慌张、无助，听众也一样；破解困难、走出困境或获得成功后，你会感觉幸福、喜悦，听众也会；遇到心动的人时，你会心跳加速，听众也有同样的感受……

3. 价值观共情

价值观共情是指故事里表达的观点、传达的思想、表明的态度等，得到了听众的认同。

价值观共情是最高阶的共情。如果说经历共情和感受共情是通过故事将讲故事的人和听众连接起来的，那么价值观共情就是让听众从故事中找到同伴、找到归属。它代表的是一种接纳和认可，能够让听众产生一种"原来你也是这样想的，原来我们是一路人"的共鸣。这种共鸣是最容易被人接受的。

陈欧所讲的"我为自己代言"引起的就是价值观共鸣。陈欧的这段文案曾火遍大江南北，一度在新浪微博掀起了"陈欧体"模仿热潮。而它火爆的原因，正是陈欧在这段为了理想而奋斗的故事中，表达出的对爱情、梦想、生活的执着追求，以及即使被权威漠视也要为自己的天分而感到自豪的价值观。这样的价值观引发了"80后""90后"的强烈共鸣，鼓励了无数青年人更积极向上地生活。价值观共鸣故事的常规讲述逻辑如图1-4所示。

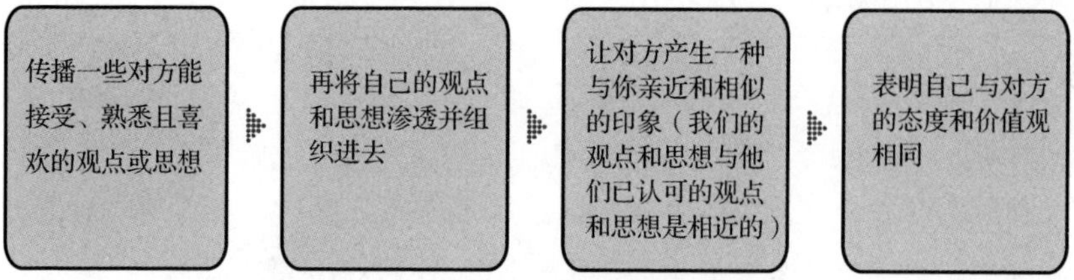

传播一些对方能接受、熟悉且喜欢的观点或思想	→	再将自己的观点和思想渗透并组织进去	→	让对方产生一种与你亲近和相似的印象（我们的观点和思想与他们已认可的观点和思想是相近的）	→	表明自己与对方的态度和价值观相同

图1-4 价值观共鸣故事的常规讲述逻辑

1.3 打造个人品牌要学会讲三种故事

个人品牌做大后，必然要从个人品牌走向团队品牌、产品品牌、公司品牌。当然，在这个过程中，每个创始人都有很多故事可以讲。在多如牛毛的故事中，你应该选择哪一个故事，或者哪一类故事，才能体现你的态度、展示你的价值、扩大你的影响力呢？

对创始人而言，个人品牌故事有三种，即创始人故事、顾客见证故事、团队故事（见图1-5）。

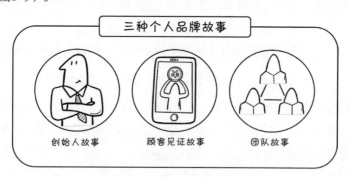

三种个人品牌故事

创始人故事　　　顾客见证故事　　　团队故事

图1-5 三种个人品牌故事

1.3.1 创始人故事

维珍集团创始人理查德·布兰森（Richard Branson）说过："在今天，如果你想成为一个成功的企业家，你就必须擅长讲故事。"

"创始人故事"不是对你的产品和事业的简单宣传，而是告诉别人你的经历，让别人对你的经历产生共鸣，进而对你及你的事业产生认同，愿意主动了解你做的事。

成功的创始人往往都是讲故事高手，比如马云、任正非、王健林等，他们善于通过给不同利益相关体讲自己的创始人故事，达成不同的目的，获得不同的效果。

他们给合伙人讲故事，可以让合伙人心甘情愿地同他们一起打拼；

他们给员工讲故事，可以使员工用心地工作；

他们给投资人讲故事，可以获得大量资金；

他们给用户讲故事，可以使产品背后的情怀深深打动用户；

他们给媒体讲故事，可以成为媒体热捧的焦点。

马云谈到创业的时候，曾经讲了这样一个"癞蛤蟆就要去吃天鹅肉"的故事。

1995年，马云凑了2万块钱，办了一家专门给企业做主页的网络公司，公司网站取名为"中国黄页"。公司成立之初，他的很多朋友几乎一致反对他这样做。时隔多年，当马云回忆起当年力排众议的情形，依旧为自己的"痴心妄想"叫好。他认为，只有你敢于做梦，并且大胆实现自己的梦想，才会发现实现梦想没有那么困难。

马云的演讲之所以能够打动很多人，靠的是故事，而不是冗长的说教，马云正是借助故事来说服合伙人、投资人、管理者、员工，甚至全世界的。

很多创始人都有一个疑惑："我的产品/公司很好，为什么大家总是听不懂、记不住呢？"问题很大程度出在了讲故事的方法上。那么，创始人要如何讲好一个故事呢？

1. 创始人如何讲好创业故事

创始人讲得最多的故事就是创业故事。创始人所讲的创业故事需要包含十二大要素（见图1-6）。

创业故事需要包含的十二大要素	
● 愿景/任务	● 团队
● 背景	● 顾问/投资者
● 时间轴	● 调研
● 客户	● 合作伙伴
● 竞争对手	● 信息传递
● 知识	● 设想

图1-6 创业故事需要包含的十二大要素

正如一个好故事要有有力的情节一样，一个好的创业故事要有强有力的要素：你为什么要这么做？背景是什么？是什么契机让你开始创业？谁是这个领域的最早参与者？这个团队由谁组成？你将如何克服挑战、不断成长并最终获得成功？这些都是创始人在讲故事时需要考虑的重要因素。

大家最想从创始人的故事中听到的，不仅仅是公司的市场机会、营收潜力，也不单是公司如何能将僵化的行业盘活，而是你为什么做了这个选择。

为什么你不在你的专业领域找一份高薪的工作，而是要创业？你要改变什么？为什么是你而不是别人？

以"为什么"开始，创始人可以传递一些更有说服力的信息，这是讲一个好的创始人故事的窍门。

当你讲一个创业故事的时候，你应该从你创业过程中最精彩的那个事件讲起，不寻常的事件会立刻吸引你的听众。从一个戏剧性的高潮开始讲，然后辅以故事背景，一层层讲清楚这些"为什么"，这样即使听众知道你最后要推出你的产品或服务，他们也更容易被你吸引，在情感上被你打动。

优秀的创始人从来不缺跌宕起伏的故事，但要将故事讲得精彩、生动，却十分考验人的口头表达和展示的能力。

2．创始人故事必须有清晰的主线

一个好的创始人故事往往包含四个要素（见表1-1）。

创始人在讲故事时不要使用复杂的专业术语。隔行如隔山，在你的行业大家都懂的专业术语，对外行听众而言就是"天书"。不有意识地用通俗的比方或易懂的表述去解释你的概念，你很容易失去你的听众。

表1-1 创始人讲故事的四个要素

故事要素	主要内容
你是谁	介绍你去过的地方、做过的事、未完成的事、追求的事、将要做的事、想成为什么样的人、避免成为什么样的人等
你做了什么	在分享你所做的事时,你的讲述必须简洁、清晰、发人深省,但更重要的是,你需要告诉你的听众,你所做的事对他们有什么好处
你为什么这么做	讲述你的初心,阐述你的梦想,描述未来的模样,告知你能给别人带来的好处等
你是如何做的	展示你的专业技能,分享你的专业经验,介绍你的专业知识等

创始人在讲故事时更不能编造虚假的情节,而要始终抱持透明、诚实和谦逊的态度。很多人在舞台上讲的个人品牌故事过于夸张,让大家难以相信,也有些人通过欺骗的手段得逞一时,可最终还是被人质疑、揭发,拖累整个企业的经营。

当你能清晰表达自己所做的事时,你会发现,不仅投资人会被你吸引,你的个人目标和方向也会更加明确。

1.3.2 顾客见证故事

某位创始人曾在一次直播中分享这样一个故事。

大半年前,这位创始人去杭州出差,在动车上遇到了一个开服装店的年轻姑娘,一路相谈甚欢。谈话中得知,这个姑娘开的实体店越来越难做,当被问及没有入手短视频领域的原因时,姑娘说是缺乏这方面的经验,不知从何下手。恰逢那段时间,这位创始人的短视频运营和直播带货的书出版了,于是他给这个姑娘邮寄了一本。

原本稀松平常的事,开始在这个姑娘这里有了不一样的变化,她将书中的知识运用到自己的实际操作中,抖音运营和直播带货有了起色。于是她特地跑到这位创始人的微信公众号里留言表达感谢。

这个故事就是一个典型的顾客见证故事,它通过讲述一个创始人和一个素不相识的年轻姑娘的故事，间接地借姑娘之口展示了自己产品（图书）的价值。

顾客见证故事就是以故事的形式，将顾客对你及你的产品或服务的认知、评价表达出来。好的顾客见证故事，会告诉别人你的产品、服务给顾客的生活带来的积极影响和改变，它的作用主要体现在三个方面：一是建立产品或品牌的公信力，二是实现口碑裂变传播，三是凸显产品吸引力。

顾客见证故事的内容可以分为情感故事型、经验分享型、产品知识型、热点话题型等四类。一般情况下，越是完整的故事，越能打动人；越是真实的故事，越具有感染力和可信度。

现实生活中常见的顾客见证故事，80%都套用了"问题+解决+价值"公式（见图1-7），前文介绍的案例中的故事就套用了这一公式（见表1-2）。

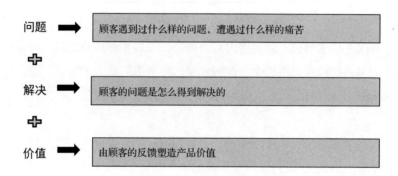

图1-7　顾客见证故事公式

表1-2　某创始人所讲述的顾客见证故事的结构分析

顾客见证故事要素	案例分析
问题	电商、直播对线下服装店冲击大，店主想尝试短视频营销和直播营销，但不知道如何做
解决	看书（产品）、学习，按照书上讲述的方法做
价值	通过学习，店主的抖音运营和直播带货很快就有了起色，说明由该创始人的团队撰写的图书具有实操性，有价值

在信息越来越透明的今天，"王婆卖瓜，自卖自夸"所产生的营销效应永远不及"王婆卖瓜，顾客夸"所产生的营销效应。如果你掌握了讲述顾客见证故事的秘籍，那么你就"解锁"了一个销售"新技能"。

1.3.3　团队故事

团队故事是指发生在你和团队成员之间的故事。好的团队故事可以告诉别人你们打造了一个有着怎样的文化、怎样价值观的团队，以及你们一起以什么方式为这个世界创造了更多价值。

团队故事主要有三类。

1．介绍优秀的团队成员

讲述发生在某个团队成员身上的故事，展示自己团队的文化和价值观。

某创始人曾在其微信公众号里讲过这样一个故事。

他的团队里有一个叫寒星的撰稿人，被安排撰稿任务的那段时间，寒星的妈妈因手术卧床静养，寒星既需要在家照顾妈妈，又需要照顾5岁的孩子，但寒星每天的工作任务都按时按质完成。他得知情况后，告诉她最近可以暂停撰稿任务，等她妈妈身体恢复后再开始，工资照发。寒星却不愿因自己的事耽误公司的进度，表示将按时完成急稿，他听后觉得自己不是一个人在战斗而是一个团队在战斗。

在这个故事中，创始人通过介绍自己团队中某个成员的工作故事，展现出了整个团队团结向上的精神面貌，进而加深了听众对该团队的了解和认同。

2．展现团队氛围

描述团队的工作状态、工作氛围，展示团队的文化。

在某次演讲中，我和大家分享过这样一件事。

我的所有员工都在钉钉里交工作总结，每天都要写日志，我每天都要催他们交工作总结。复盘嘛，没有复盘就没有进步。有一天，我看到一个"95后"实习生在钉钉的工作日志里写道："我太难了，每天要面对这么多复杂的关系。"我想，哪有什么复杂的关系？然而紧接着我就看到一个"90后"员工在下面留言说："我也太难了。"这个"95后"实习生回复道："我是个宝宝。""90后"员工也继续回复说："我也是一个宝宝啊。"

这个留言的"90后"，正是"95后"实习生的主管。看到他们的对话，我就在那儿想：明明是我最难，我在带着一群宝宝创业呀！

在这个故事中，我提到了我们团队的一个工作细节——写工作日志。通过讲述围绕写工作日志发生的一系列故事，大家可以很好地感受到我们团队年轻、有活力、轻松的工作氛围，进而对团队有更全面、深刻的认识。

3．讲述团队信念

讲述团队创业的初心，团队坚持的信念，团队努力的方向。

阿里巴巴创始人马云在题为《路线错了就光身出来》的演讲中，曾讲了一个故事，马云告诉大家，梦想和价值是阿里巴巴最重要的追求，阿里巴巴员工工作的信念就是"让天下没有难做的生意"。

每个创始人都拥有值得讲述的故事宝藏，当你把自己的故事讲给对的人听时，你也就赋予了故事宝藏真正的价值。

一个好故事是成本最低的说服方式，它带来的情感价值和创造的利润远远超过你的想象。

1.4
四个要素，教你设计
"圈粉"好故事

讲好一个故事并不是信口开河，也绝不是单靠天赋。通过训练，设计好你的故事，掌握讲述的逻辑、表达的模型、升华的套路，你就能讲好一个85分的故事。

好故事是设计出来的。通过图1-8所示的四个关键要素，你也可以设计出一个能说服人的好故事。

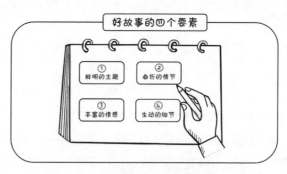

图 1-8　好故事的四个要素

一个好的个人品牌故事要有鲜明的主题，所以个人品牌故事要基于故事主题去设计。首先，你的故事主人公必须是故事主题的化身；其次，你的故事情节必须围绕故事主题展开；最后，你的故事结局必须与故事主题产生联系。

比如，如果你的故事主题是"坚持"，那么你的故事主人公就得具备坚韧和永不言弃的性格特征。你的故事情节应该围绕"坚持"展开，如表现故事主人公坚持的原因，描述故事主人公坚持的过程等。你的故事结尾也要与"坚持"产生联系，如坚持后获得了成功、取得了成绩等。

如何确定故事的主题呢？你可以问自己三个问题。

1. 你的听众有什么痛点和需求

生活中，几乎每个人都有自己的痛点和需求，以听众的痛点和需求为主题讲个人品牌故事往往更能打动听众，引发他们的共鸣。因此，在确定个人品牌故事主题时，你不妨先问一问自己：你的听众有什么痛点和需求？

生活中大部分人的痛点和需求都逃不开四大框架：经济问题、健康状况、人际关系和人生目标（见图1-9）。

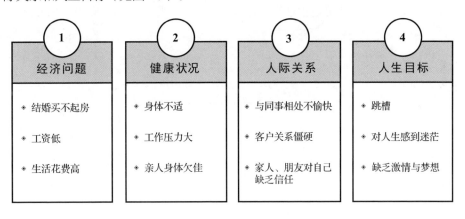

图1-9　生活中大部分人的痛点和需求

2. 最近有没有值得深挖的热点事件

从热点事件中寻找故事主题也是不错的选择。具体来说，从热点事件中挖掘个人品牌故事主题的常用方法主要有两种。

一种是深挖是否还有其他人与热点事件里的人过着一样的生活或经历着一样的事情，能不能从普通人的经验、眼光出发，更好地理解这种生活或这件事情。

在抖音短视频中，我曾和大家分享过这样一个"三十而已，一切都还来得及"的故事。

在这则故事里，我以"三十而已，一切都还来得及"为主题，讲述了自己的30岁经历，我的这个故事主题正是从当时热播的电视剧《三十而已》深挖出来的。

挖掘故事主题的另一种常用方法是揣摩隐含在热点事件里的道理或教训，把这些道理或教训作为自己故事的主题。

3．你讲故事的目的是什么

讲故事要有目的，绝不能为了讲而讲，而应该有目的地讲故事，比如通过自嘲来调节气氛，通过分享成功案例来影响听众，通过讲普通人"逆袭"的故事来激励听众等。在讲故事前，你不妨问一问自己：你讲故事的目的是什么？这个目的，就是你的故事主题。

小米创始人雷军曾给自己的员工讲过这样一个故事。

阿木几年前在一家外企做IT设计师。当时他日子过得并不好，也非常节俭。有一天，他发了工资，约好晚上请几个哥们儿一起吃饭庆祝。所以，忙完手上的事情之后，他匆匆忙忙地钻进了电梯。

这时候，他的目光被一个打扮时尚、穿着奢华的年轻姑娘吸引了，这个姑娘手提新款的香奈儿手包，穿着定制的高级礼服，戴着闪亮的珠宝。

他仔细一看，发现这个姑娘竟然是他的前女友。"才几年不见，她的变化竟这么大！从一个单纯朴实的女孩，变成了一个'白富美'？"他正想着，电梯马上就要到楼下了，姑娘按的是负2层停车场，而他慌乱之中按下了1层的按键。

阿木真正意识到了人与人之间的差距，于是发愤图强，积极主动地钻研专业领域的新知识，每年都勇于挑战自己，并非常优秀地完成了几个大项目。

今天，他已不再是昨日的那个毛头小子，他坐在小米的办公大楼里，成了小米的程序设计师和开发者，拿着高工资。只要大家和阿木一样，拥有一颗积极上进的心，小米的明天只会更好。

雷军当时讲这则故事的目的，正是激励小米员工认真工作，所以，他选择了一个以"小米员工通过努力工作成功'逆袭'"为主题的故事。

同样是讲述作为毕业生代表做毕业演讲的故事，下面哪个版本更吸引你?

版本1： ××年××月，我作为毕业生代表做了毕业演讲，我主要讲了××内容，演讲取得了巨大成功。

版本2： 大学时期让我最难忘的一件事是，毕业时我很荣幸地作为毕业生代表做毕业演讲。演讲前，我信心十足地准备了演讲稿。然而，演讲当天，我的电脑出现了系统故障，所有资料全部丢失，包括我的演讲稿。发生了这样的事情，我很慌张，我的导师甚至建议我取消演讲，但是，我认为这是对自己以及对所有毕业生的不负责任。短暂的慌乱后，我很镇定地对导师说"我能行"。上台前，我闭上眼睛，努力回想，突然大脑竟然像放电影一样，一幕幕浮现出了我的演讲稿。我凭借着超强的记忆力和演讲的经验，轻松自如地脱稿完成了那次演讲。台下响起一片掌声，导师向我投来了赞赏的目光……

很显然，版本2的故事更吸引人，因为版本1只是简单地记"流水账"，而版本2则加入了引人入胜的情节，让人仿佛置身其中。

如果说主题是个人品牌故事的"地基"，决定了个人品牌故事的整体基调，那么情节就是决定听众是否愿意听故事，能否认同故事所传递的价值观等核心信息的关键。

简单来说，情节是指故事中因人物之间的相互关系，以及人与环境间的矛盾冲突而产生的一系列生活事件发生、发展直至完结的整个过程，故事中的人物关系以及人与环境间的矛盾冲突是形成情节的基础，也是推动情节发展的动力。

情节的六个作用如图1-10所示。

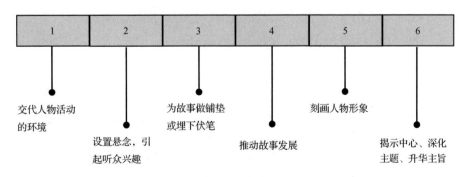

图1-10　情节的六个作用

如何在个人品牌故事中加入引人入胜的情节呢？这大约是所有人在讲个人品牌故事时最为头疼的问题。

1. 挑战情节

"一个月瘦20斤的故事""打工仔白手起家，三个月挣100万"" '单腿骑手'用单腿跳跃送外卖两年多"……当你"刷"抖音、看微博、阅览微信公众号时，你一定经常看到这类故事。尽管这些故事讲述的内容各不相同，但它们都有一个共同特征：设置了"挑战情节"。

挑战情节是故事主人公通过努力和坚持完成看似不可能完成的挑战或取得看似不可能取得的成绩的情节。挑战情节的类型很多，以寡敌众、以小胜大、以弱制强、反败为胜、最后"绝杀""麻雀变凤凰"等都是典型的挑战情节。它也是电影编剧们最爱的情节之一，你可以在许多经典影片中看到它的身影。

比如：《当幸福来敲门》中濒临破产、穷困潦倒的落魄业务员奋发向上成为股市交易员，并且最后成了知名的金融投资家；《国王的演讲》中患有严重口吃的约克公爵阿尔伯特王子临危受命成为英国国王，后在语言治疗师莱纳尔·罗格的治疗下克服障碍，在第二次世界大战前发表了鼓舞人心的演讲；《中国合伙人》中找不到就业出路的大学生们共同创办英语培训学校，最终实现"中国式梦想"……

挑战情节最大的特征是把故事主人公塑造成了"立志克服挑战的象征"。这类情节之所以备受青睐，正是因为它能够将听众带到故事主人公的挑战感中，让听众从故事主人公克服挑战的过程中受到鼓舞、获得力量。

安妮在微博上发表了漫画《对不起，我只过1%的生活》，讲述了自己的创作过程和创业经历，分享了其在别人认为只有1%的成功可能性的情况下，坚持画画、创业、做App的故事。这个主打励志和正能量的故事，激发了潜藏在网友们内心深处的价值认同感，漫画发布当天，阅读量就突破1000万次，微博转发几十万次。

《对不起，我只过1%的生活》的故事就巧妙地运用了挑战情节，而且这种挑战情节并不是单一的，而是层层递进的：第一层挑战是"你成为漫画家的概率，只有1%"；第二层挑战是"公司活下来的概率，不到1%"；第三层挑战是"濒临破产的公司克服困难，把产品做出来，这个概率也不足1%"……

通过设置这一层又一层的挑战，安妮面对重重质疑，克服重重困难，最终证明自己的形象便跃然纸上了。而听众在听故事的过程中，也从这个励志故事中获得了"激励感"，认可了故事讲述者安妮。

2．联系情节

认真回想一下，你所熟知的大部分经典爱情故事是不是都"套用"了下面三类故事情节？

情节一：高贵的女孩爱上了普通男孩，比如《泰坦尼克号》《罗密欧与朱丽叶》。

情节二：高贵的男孩爱上了普通女孩，比如《灰姑娘》。

情节三：跨种族恋情，比如《阿凡达》。

这些故事情节都属于"联系情节"。归纳起来，联系情节主要有两种表现方式：一是将两个原本"地位"悬殊的人或差异巨大的事物联系起来，让两者"跨越鸿沟，实现连接"，比如《美人鱼》中人类和美人鱼的恋爱；二是把一个人完全不同的两种状态联系起来，比如一个人之前穷困潦倒，后来功成名就。

联系情节最大的特点是通过对比差异，塑造出故事强烈的"反差感"，吸引听众的注意力，让听众产生"一探究竟"的欲望。运用联系情节讲述个人品牌故事的案例比比皆是，比如，"我为什么放弃年薪30万的工作去卖肉夹馍"（将彼此冲突的"高薪白领"和"卖肉夹馍的"联系起来），"看书前洗手的拾荒者"（将彼此冲突的"阅读者"和"拾荒者"联系起来）……

需要注意的是，当你利用联系情节创作个人品牌故事时，一方面要尽可能地让两个联系的对象，或者一个人的前后状态产生巨大差距，制造"冲突感"和"反差感"；另一方面也要找到两者之间的本质联系，如果没有本质联系，对比也失去了意义。

3．救赎情节

两个生活落魄、不思上进、痴迷迈克尔·杰克逊十几年的平凡"老男孩"，因为参加选秀比赛重登舞台，最终通过不断努力，找回了曾经的梦想和丢失的自豪感。这是电影《老男孩》中的桥段，这个桥段也是一种经典的"救赎情节"。

救赎情节大多是平庸、懒散或不思进取的人突然改变生活状态，发愤图强，并通过不懈努力完成"自我救赎"，取得优异成绩的故事情节。救赎情节一般会设置一个明显的转折点，这个转折点既可能是故事主人公受到某个人、某件事的影响，也可能是他厌倦了某种状态，想要寻求改变。在转折之前，即故事的前半段，一般会描述故事主人公的自暴自弃、不信任别人、盲信宿命论、任性、懒惰等特质；在转折之后，即故事的后半段，则会讲述故事主人公一步步变得自信、信任他人、积极、勤奋，并通过努力取得一定成就。

救赎情节最大的特点是通过"先抑后扬"的情节设置，让听众感到仿佛身处其中，好像自己也跟着故事主人公一点点变好，经历了刻骨的成长和蜕变。

当年在朋友圈爆火的《西少爷自述：我什么要辞职去卖肉夹馍》，就是一个典型的运用了救赎情节的故事。

故事中，"西少爷"孟兵首先写到了自己的失败——因为在北京没有房，给不了女朋友安全感，女朋友提出了分手。紧接着，孟兵给了故事一个转折点——他发现自己是这座城市的边缘人，开始怀疑自己的价值。转折过后，孟兵开始叙述自己鼓舞人心的"逆袭"故事——勇敢辞职，努力创业，并最终取得成功。

孟兵所讲述的这个"自我救赎"的故事可谓大获全胜。据统计，当年这篇文章在微信公众号的转发量超过100万次，阅读量超过1亿次。"西少爷"开业时，因为有感于这个故事而前来消费的顾客数不胜数。

1.4.3 丰富的情感

"故事教练"许荣哲在《故事课》一书中讲到过这样一个案例。

有一个失明老人在路边乞讨，他面前的一块牌上写着："我是个盲人，请帮帮我。"但是很少有人停下来帮助他，一个女孩看见了，给他重新写了一句话："这真是美好的一天，可惜我看不见。"就这一个变化，来往的路人纷纷驻足，掏钱给老人。

为什么女孩重新写了一句话后，原本漠然的路人便纷纷掏出了钱呢？因为"我是个盲人，请帮帮我"遵循的是一种科学的逻辑，冰冷生硬，不带感情；而"这真是美好的一天，可惜我看不见"则讲了一个充满情感的故事，带着温度，触动人心。

由此可见，一个好的个人品牌故事还要注入丰富的情感。这需要你在故事的谋篇布局和讲述方式上下工夫。具体来说，在创作故事的过程中，你可以从以下三个维度入手，为自己的个人品牌故事注入丰富的情感。

1. 通过感官细节让故事更逼真

在讲述故事时，你可以充分调动自己的五种感官——嗅觉、味觉、听觉、触觉、视觉，以感官体验为基础，展开描述场景、人物、事件，让听众能闻到、尝到、听到、摸到、看到你讲的故事，增加故事的立体感和真实感，达到让听众身临其境的目的。

在一次演讲中，柴静曾经讲过一个故事。

柴静充分描述了感官细节，比如，"风进来"（触觉），"花香进来"（嗅觉），"颜色进来"（视觉），"能感觉到碎雨的那个味道"（味觉）……在听这段故事时，听众会不自觉地被带入故事情境，产生一种舒适感。有了这种舒适感，故事便显得不再冰冷了。

2. 在故事中加入自己的经历和感受

当讲述亲身经历时，你往往会给故事注入更多的感情，而你注入的情感越多，听众能接收到的情感就越多。因此，在讲个人品牌故事时，你可以多贴合自己的亲身经历去讲，多分享自己的真实感受，为故事增添更多情感色彩。

3. 多利用能显示彼此相似的内在特质的故事元素

这种元素能显示出彼此"内在"是一类人，其作用在于可以给听众营造一种熟悉感，让故事更具情感内核，能引发听众的情感共鸣。

在讲个人品牌故事时，你可以多利用这些能显示彼此相似的内在特质的故事元素，为自己的个人品牌故事注入丰富情感。

1.4.4 生动的细节

先看一组故事。

版本1：记得有一次，爸爸喝醉了，到家后很生气，就开始打人、骂人。就在那天，年少无知的我被爸爸打了。

版本2：爸爸气极了，一把把我从床上拖起来，我的眼泪就流出来了。爸爸左看右看，结果从桌上抄起鸡毛掸子倒转来拿，藤鞭子在空中一抡，就发出咻咻的声音，我挨打了！爸爸把我从床头打到床角，从床上打到床下，外面的雨声混合着我的哭声。（林海音《爸爸的花儿落了》）

两者对比，哪一种故事更具吸引力呢？显然是后者。因为同样是记叙自己被爸爸打的经历，版本1没有细节描写，内容平淡无味，让人难有感触；版本2则使用了大量文字进行细节描述，使得故事情节生动具体、真实可感。

由此可见，生动的细节也是个人品牌故事不可或缺的要素。

细节是对故事发展和人物的性格、肖像、心理活动、动作以及环境等的一些细微而又有典型意义的情节所做的细腻、具体的描写，它就像行驶途中的停顿，是慢镜头，是定格，能够起到强化主题、烘托氛围的作用。一个好的个人品牌故事既需要好的故事框架，也需要生动的细节。没有细节，故事三两句话就讲完，干巴巴，不能打动人；有了细节，故事才会变得有血有肉，更加引人入胜。细节描写可分为人物细节描写、景物细节描写和情节细节描写（见表1-3）。

表1-3　细节描写的分类

细节描写分类	描写对象	案例
人物细节描写	对外貌、语言、行为、服饰、表情、心理活动等的细节描写	《孔乙己》（鲁迅）：穿的虽然是长衫，可是又脏又破，似乎十多年没有补，也没有洗
景物细节描写	对自然环境、社会环境、动物、静物等的细节描写	《我的叔叔于勒》（莫泊桑）：在我们面前，天边远处仿佛有一片紫色的阴影从海里钻出来
情节细节描写	对某一事物的发展变化过程进行细致的描写	《鲁提辖拳打镇关西》（施耐庵）中对鲁提辖如何三拳打死镇关西的细节描写

当具备鲜明的主题、曲折的情节、丰富的情感和生动的细节这四个关键要素时，你的故事想不吸引人都难。

1.5
三个模板，助你成为一个讲故事高手

一个没有任何讲故事经验的人，如何做到第一次讲故事就博得全场喝彩？

套用讲故事的结构模板、表达模板、推广模板，你也可以在三分钟内，讲出一个有开头、有结尾、有冲突、有转折的好故事，成为一个讲故事高手。

1.5.1　结构模板

台湾作家许荣哲告诉我们，任何一个人，只要问自己七个问题，就可以在三分钟内说出一个有开头、有结尾、有冲突、有转折的完整故事。

第一个问题：主人公的"目标"是什么？

第二个问题：有了目标之后，他遇到了什么"阻碍"？

第三个问题：他是如何"努力"克服阻碍的？

第四个问题：努力之后，"结果"（一般情况下是不好的结果）如何呢？

第五个问题：如果结果不理想，则代表努力无效，那么超越努力的"意外"可以改变这一切吗？

第六个问题：意外发生，故事情节会如何"转弯"？

第七个问题：最后的"结局"是什么？

把上面的七个问题简化之后，你就可以得出一个完美的"故事公式"：

故事=目标+阻碍+努力+结果+意外+转弯+结局

许荣哲的"故事公式"针对的是所有类型的故事。根据这套"故事公式"，再结合我个人的实践经验，我也总结出了针对个人品牌故事的结构模板（见图1-11）。

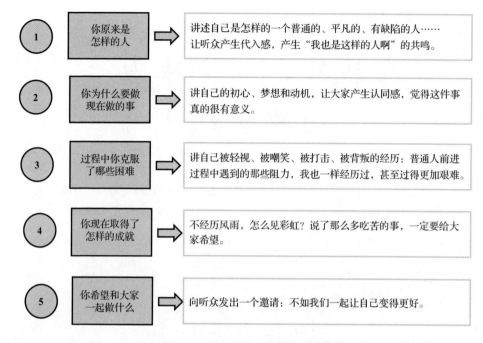

1	你原来是怎样的人	讲述自己是怎样的一个普通的、平凡的、有缺陷的人……让听众产生代入感，产生"我也是这样的人啊"的共鸣。
2	你为什么要做现在做的事	讲自己的初心、梦想和动机，让大家产生认同感，觉得这件事真的很有意义。
3	过程中你克服了哪些困难	讲自己被轻视、被嘲笑、被打击、被背叛的经历：普通人前进过程中遇到的那些阻力，我也一样经历过，甚至过得更加艰难。
4	你现在取得了怎样的成就	不经历风雨，怎么见彩虹？说了那么多吃苦的事，一定要给大家希望。
5	你希望和大家一起做什么	向听众发出一个邀请：不如我们一起让自己变得更好。

图1-11 个人品牌故事的结构模板

"直播一姐"薇娅曾在西瓜视频分享过这样一个故事。

十几年前，薇娅在北京开了人生中第一家女装店，仅占地6平方米。但她不安于现状，带着全部家当做起批发，却因为物流问题惨淡收场。第二次开店，她选址在西安，生意最好时，一天的营业额就超过40万元。2012年，她偶然接触了网购，满腔热血地关掉所有线下店铺，开了网店，没想到第一年就亏了200多万元。坚持4年，她又赶上了直播热潮，常常6个小时不间断地直播，嗓子哑到快"冒烟"。海明威说，这是个美好的世界，值得我们为之奋斗。薇娅说，只有足够努力，才能看上去毫不费力。

薇娅的创业故事就可以用个人品牌故事的结构模板来拆解和学习（见表1-4）。

表1-4 用个人品牌故事的结构模板拆解薇娅的创业故事

个人品牌故事的结构模板	薇娅创业故事的结构分析
你原来是怎样的人	平凡普通的女装店店主
你为什么要做现在做的事	不安现状

个人品牌故事的结构模板	薇娅创业故事的结构分析
过程中你克服了哪些困难	一次次失败、一次次亏损
你现在取得了怎样的成就	赶上直播热潮，取得一定成绩
你希望和大家一起做什么	一起努力

套用上述个人品牌故事结构模板，几乎能快速搞定80%的个人品牌故事。

1.5.2 表达模板

表达模板解决的是用什么载体、形式讲故事的问题。常见的个人品牌故事表达方式分为几类（见表1-5）。

表1-5　常见的个人品牌故事表达方式

表达方式	主要特点
文字	最常见的个人品牌故事表达方式
演讲	最直接的个人品牌故事表达方式，通常运用在演讲、路演中
图片	可视化，推荐九宫图版式，图片拼起来能传达自己的各种理念
社群	简短但有故事的自我介绍，吸引别人链接你
条漫	比起大段文字，条漫更有故事性，也更易于传播
表情包	个性表情包能让你的个人品牌理念通过表情包文案在"铁粉"中软传播
视频	最全方位展现个人品牌故事的表达方式，虽然拍摄好的个人品牌宣传视频时间投入大、成本相对高，但是传播渗透力强，还是值得规划的；视频分为个人品牌宣传视频、高端访谈视频、精品演讲视频三种类型

当然，除了上述的个人品牌故事表达方式外，你还可以根据自己的实际情况创造出更多的个人品牌故事表达方式，比如时下流行的脱口秀。

需要注意的是，通常当你在讲述自己的个人品牌故事时，最好不要选择某种单一的表达方式，而应该结合各种不同的故事表达方式。比如，当在抖音平台以短视频的形式讲述个人品牌故事时，你也可以同步在微信朋友圈，以文字加图片的形式讲述你的个人品牌故事。

规划自己的个人品牌故事表达方式，一方面要结合自己的事业发展，定期更新自己的个人品牌故事；另一方面要考虑不同故事分发平台的传播特点，然后根据相应平台的传播特点去选择最适合的故事表达方式。比如，如果你选择在微信朋友圈分发、推广你的个人品牌故事，那么，你可以选择文字加图片（文字为主，图片为辅）的故事表达方式。

1.5.3 推广模板

推广模板解决的是如何把故事推广出去的问题。故事设计得再好，讲得再完美，没有人听，也是枉然。所以你要把你的故事推广出去，让更多的人听见你的好故事。

常见的个人品牌故事推广平台主要有微博、微信公众号、社群、抖音、快手、B站、小红书、豆瓣、知乎、百家号、头条号、企鹅号、图书、网课等。

和每日更新的文章不同的是，个人品牌故事不需要每天创造新的内容，而是一次性做出高质量的内容，然后在合适的平台分发、推广。根据不同的推广目的、推广侧重点及分发平台的性质，个人品牌故事也有着不同的平台推广方案。依据推广目的，常见的个人品牌故事平台分发方案可分为三类（见表1-6）。

表1-6 常见的个人品牌故事平台分发方案

推广目的	分发平台及分发位置
方便新关注者了解你	置顶微博
	微信公众号菜单
做影响力传播	发布微信公众号或其他自媒体（豆瓣、知乎、百家号等）的推文
	请各种媒体转载、扩散
	用作推广文案素材
	用作提供给外部采访人员的背景资料
	用作图书、网课的前言
做社群扩散	放入微信收藏夹，在新社群介绍自己的时候扩散
	认识新朋友，介绍自己的时候扩散

视觉化：要想被记住，先要被看见

过去一个女人的奢侈品是她的包，现在一个成功人士的奢侈品是他的个人品牌。女人通过包让别人看见她的生活品质，成功人士通过个人品牌让别人看见他的社会地位。

好的个人品牌应该让人看见，然而没有经过策划、包装的个人品牌，就好像没有装修的毛坯房，很难引起他人的注意。那么怎样的个人品牌介绍能让人看见呢？

即便用一句话介绍自己，让别人记住你的个人品牌，人们也喜欢那种激发想象力的文字。

"我是个人品牌导师秋叶大叔。"

"超级个人品牌就是超级流量池。想让自己从1万个人中脱颖而出，就约秋叶大叔打造你的个人品牌。"

你是不是更喜欢第二句？"流量池""1万个人""脱颖而出"，这些词语激发了你的想象力，让你看见了未来的可能性。

毕竟普通人是先看见，才相信，只有很少人是先相信，再努力让人看见。那么在打造自己个人品牌的路上，先用视觉化思维给自己升级吧。

2.1
一个好名字将使你更快被看见

2.1.1 好名字自带流量

一个人能不能快速成功，关键看他有没有名气；一个人有没有名气，先要看他名字起得好不好。一个人的名字起得好，会给他带来很多看不见的流量。在百度、微博、微信公众号、微信搜一搜"秋叶"这个关键词，搜出来的结果很多都是关于我的词条和正面信息，这会持续给我带来影响力和流量。

很多人都问过我为什么叫"秋叶"？还有很多人说我的网名好，"秋叶"，一听就让人倍感亲切，加上"大叔"也很自然——"秋叶大叔"，也很好。

不得不承认，我起了"秋叶"这个网名，确实节约了巨大的传播成本，不过我选择这个网名是一个偶然。这个网名是2002年注册的，当时我没准备叫"秋叶"，但想了两个网名都被注册了，第三个我就用了"秋叶"。那个时候我根本不知道有一天"秋叶"会成为一个所谓的"IP"，我甚至连百度这个网站都不知道。后来我们注册了"秋叶"商标，衍生了"秋叶PPT""秋叶Excel""秋叶WPS""秋叶商学院"等教育子品牌。我开始意识到给自己起了一个叫"秋叶"的网名，并坚持用这个网名，是我在打造个人品牌的路上做得最正确的决定之一。

开公司、做产品、培育大IP、运营小微商……要想生意好，都需要一个好的名字。在一个人的个人品牌从0到1的打造过程中，名字是人们记住你的第一个关键点，好名字能凸显你的个人品牌定位，也自带传播流量。如果陌生人一看你的名字就能了解到你的定位，那么你的开场就赢了先手。一个好名字的作用就是能让用户一想起某些品类，就能想到你！

有一个好的名字，更能让用户快速地记住你。你的内容再好，没有一个好名字，用户看完你的内容还是记不住你，很难起到传播个人品牌的作用。这也就是为什么很多人也写过很受欢迎的文章，但是没有用，因为他的名字很难让人记住。

2.1.2 好名字的四个标准

1. 好名字应该有唯一性

不管想到怎样的起名策略，你首先要去几大平台——百度、微博、微信、今日头条等搜一下你想用的名字，看看是否被抢注。

很多家庭教育老师在自我介绍时都将一个"正面管教"的认证头衔放在自己名字前面，这样起名好不好？——很难说，因为这样用的人太多，意味着"撞车"重名的概率很高，解释彼此之间差异的成本也很高。

和你重名的人很多意味着你用这个名字打造出个人品牌的难度很大。

特别强调，如果你想把事业做大，要确保你有办法保护这个名字对应的知识产权，比如你能够申请名字的商标。我们曾经做过一个社群叫"BM城市大本营"，但没有考虑到"BM"已经被别的企业商标注册了，我们不能用，那么这个名字做大了就有侵权的问题，是一个失误。

至于"秋叶"这个名字，其实网名叫"秋叶"的人很多，但我们注册了42类商标，可以依法保护自己的权益。

2. 好名字应该有人的个性

人如其名，一个好名字也应该和你想打造的个人品牌背后的"人设"相符，大家才愿意接纳。

好的名字都是有画面感的，比如"六神磊磊""王左中右""和菜头"。这些名字不仅有画面感，还和其所有者的个性相符。

我们"个人品牌IP营"里面一些成功打造个人IP的人，网名和自己的"人设"都很匹配。

像做社群运营的陈慧敏，给自己起的微信名叫"邻三月"，这个名字不错，就像在社群里愿意陪伴你的那个人。同样做社群的"剽悍一只猫"，也是《一年顶十年》的作者，他的昵称是"猫叔"。"剽悍"两个字表现了他的性格，也很好。

像"萧秋水"，喜欢四处游玩，做幸福生活行动家，这个游侠感很强的名字很合适她。

像"小川叔"，文字温暖，声音好听，做情感主播很适合，用"小川叔"这个名字令人感觉很"暖男"，很符合"人设"。

像"写书哥"，就是出版编辑，做图书的生意，叫"写书哥"很合适。

打造个人品牌的人若想提升名字的亲和力，可以给自己的名字加上"先生""老师""大叔""姐""哥""兄""师姐""师兄"。男士还可以称自己"少"，比如"佳少"；女士可以称自己"公子"，比如"施公子"。

"大"字入名就要谨慎，很多名字里面加一个大字，比如"张大嘴""任大炮"，就感觉不太好；换成"小"字，比如"张小桃""沈小怡""侯小希"，就感觉很可亲。

另外提醒一点，起名字要让用户产生正面的联想，如美好的寓意，这样对打造个人品牌更有优势，比如好多人起名字追求"丧"，让人不想亲近。虽然这样看起来有个性，但让人感觉积极的个性会更有传播性。

3．好名字应该有识别度

什么是识别度？其实就是好记忆、好理解、好传播。好名字一定是别人很容易记住的；一定是让人好理解的，能让人一看名字就知道是什么意思；一定是易于传播的，一提到这个名字，不用解释，人们就能联想到你是干什么的，这样也更容易口口相传。

起有识别度的名字，首先要求好念，你要选择最简单的字和最简单的发音，因为人的听觉记忆比视觉记忆更为有力和持久。像用叠字起名，比如"周又又""柒柒"，这样的名字有亲和力，发音也好听，缺点是权威感不够，不太适合专业型的个人品牌。

其次，要让名字有识别度，就尽量不要用生僻字、中英文混合的名字，或者容易写错的名字，比如"剽悍一只猫"，很容易被敲成"彪悍一只猫"。我的"秋叶大叔"也经常被人写成"树叶大叔"。

当你有了一个名字，不妨给你的朋友打个电话，介绍一下这个名字，如果对方能够只听一遍就大致了解是哪几个字，那么这个名字就没有不好识别的问题，这就是名字的识别度电话测试。

从传播的角度讲，"秋叶"这个网名比我的本名"张志"好太多了，但"秋叶"也不够理想，它虽然好记忆一点，但别人很难通过字面理解我是做什么的。要真正让大家接受秋叶大叔是位打造个人品牌的行家，也是需要我反复宣传的。

4．好名字应该和你未来的事业方向匹配

在2016年开始做"知识IP大本营"，也就是"个人品牌IP营"的前身的时候，我们就遇到了无法进行知识产权保护的"坑"。"知识""IP""知识IP""大本营"都是不能注册商标的词，无法保证唯一性，所以我们干脆把社群改成"个人品牌IP营"，这样虽然也无法声明知识产权，但别人也没有办法申请商标，大家就各自拼影响力。而且，至少大家一看这个名字就知道这是关注打造个人品牌的社群，这起码和我们的事业赛道相匹配。

在给个人品牌取名时，培训师多倾向于用本名，像DISC双证班的李海峰老师就是把自己的版权课和本名结合，和其线下内训时一致，做结构思考力培训的李忠秋老师也是这样，优先让别人记住自己的课程方向。

不仅是老师，凡是带权威感、有专业度的职业身份，都可以和名字结合，比如主播、老师、咨询师、顾问、医生、律师、教练、经纪人、投资人等高端服务

业的从业者，都很适合用这样的取名方式。当然，有些职业过度营销，以至于大家一听"保险经纪人""健身教练"就担心你要做推广了，这也是要注意的。

如果你是产品人，把你的名字和产品组合起来也很好，比如"小红红不二酱"，就是不二酱创始人小红红把自己的昵称和产品名组合在一起，从而得到的一个独特的网名。每一次沟通交流、群里"冒泡"，都意味着这个产品品牌和个人品牌同时得到传播。

2.1.3　个人品牌起名的七种思维

如果名字起得好，名字都能自带流量。关于起网名的建议很多，但大部分针对的是新媒体账户起名，并不能突出个人品牌。对想打造个人品牌的人而言，下面的七种起名思维可以借鉴。

1. 状态+昵称（或本名）

把自己在生活中的美好状态和名字结合在一起，表达自己的价值观和态度，是一种不错的起名思维。

比如"灵魂有香气的女子李筱懿""努力赚钱的小龙""小龙每天进步一点点"等名字，人们一看就知道这是个有态度的人，或者正在自我提升的人。

2. 个性起名

给自己起一个有个性的名字，虽然不一定最好记，但是一旦被人记住，就很难忘记。比如做个人成长的"Scaler"、做微信公号的"Spenser"、做目标管理的"易仁永澄"。

当然也可以起很好记、很亲民的名字，比如做微信公众号的"杨小米"、做餐饮的"沈小怡"、做阅读训练营的"彭小六"，"秋叶大叔"用的也是这样的起名策略。

3. 职业+昵称（或本名）

职业昵称由职业名称和个人昵称（或本名）组成，可以让别人一下子就知道你是做什么的。

比如"演讲教练于木鱼""图书出版人周亚菲""儿科医生雨滴"这样的名字，让人们一看就能知道这个人的职业，建立起对其个人品牌的认知。

4．公司品牌+昵称（或本名）

如果公司就有品牌，把公司品牌放在自己的名称中，也是一种非常常见的起名方式。比如"秋叶PPT小美""小鹅通老鲍""十点林少""秋叶私房课木木""秋叶Word姐"，都是很好的借势起名方式。

5．产品赛道+昵称（或本名）

把产品赛道和个人昵称（或本名）组合，有很多起名模式，比如"跟老王学英语""张豪-创意短视频""高能文案韩老白"等。

6．身份+昵称（或本名）

把自己的社会身份加上昵称（或本名），也是一种很好的起名方式。社会身份包括地理位置、所属民族、年龄、成就等身份，比如"畅销书作家庞金玲""瑜老板""三人行游学CEO王佳洋"等。

7．代表作+昵称（或本名）

很多人出书后把自己个人品牌的名称改成了"自己的代表作+昵称（或本名）"，比如"图书+昵称（或本名）"。秋叶写书私房课学员尹慕言出书后，将新媒体账号名改为"尹慕言《掌控24小时》作者"，就是一个案例。

2.2
如何设计一张吸引人的网络名片

2.2.1　你打造了几种网络名片

进入移动互联网时代，我们越来越多地通过智能手机在网络上交往。过去我们介绍自己，会利用名片、宣传册、广告片，但是今天身处网络时代，我们必须意识到这远远不够，在不同的场景下，我们需要不同的个人品牌介绍方式。

对于一个要打造个人品牌的人而言，知道且逐个完善自己的网络名片矩阵是很有必要的（见表2-1）。

表2-1　网络名片矩阵

场合	网络名片形式
商务接触	电子名片（推荐全能名片王）
分享邀约	简短个人简介（用于海报） 详细个人简介（用于嘉宾介绍） 个人品牌故事（用于推文介绍） 以上内容分别做出标准版、政务版、高校版、企业版、社群版
私人接触	微信个人号（大号、小号、工作号）
社群接触	社群个人简介（长度不超过两屏的个人简介） 社群微分享（在社群里通过"语音+文字+图片+金句+海报"分享的个人品牌故事）
作者简介	图书作者简介+纸质图书链接+电子书链接 网课导师简介+网课链接 线上训练营导师简介+训练营入口
自媒体	社会化媒体：微博、小红书等 分享型媒体：微信公众号、头条号、百家号等 视频型媒体：抖音、快手、B站、视频号等
社群	社群简介+微信入群码+小助手微信号
电商带货	直播间平台+小程序或二维码链接 微店平台+小程序或二维码链接

网络名片和线下名片不一样：沟通平台多元化，接触场景多元化，名片形式多元化，用途多元化。一方面，网络让交往具有多元性；另一方面，也使得我们准备名片的成本大大增加。

2.2.2　给你的微信个人号"做装修"

网络上使用频率最高的平台是微信个人号，所以微信个人号的"装修"非常重要。西方有句谚语说，你永远没有第二次机会给人留下美好的第一印象。而美国心理学家洛钦斯（Lochins）用实验证明了第一印象的重要性，提出了"首因效应"。今天两个人在网络上形成对彼此的第一印象的关键不是见面，而是你的社交媒体的个人页面。虽然你的社交媒体反映的个人形象并非完全代表了你的个性，但很容易"先入为主"地给人留下印象，所以我们必须重视对自己个人社交媒体的"装修"。

在国内，绝大部分人将微信作为自己最重要的通信和社交工具，很多人也是通过观察一个人的微信朋友圈来了解他的，如通过在朋友圈看一个人的昵称、头像、签名和发布的内容来判断这个人的兴趣爱好、消费层次、思想与价值观偏好等。在网络社会，微信朋友圈是展示个人形象的重要窗口，用好这个平台对个人品牌形象塑造极为重要。微信个人号"装修"要点如图2-1所示。

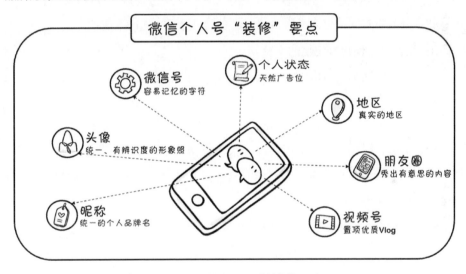

图2-1　微信个人号"装修"要点

1．昵称：使用统一的个人品牌名更好

我所有的微信昵称都统一用"秋叶"，这样大家要搜索我、加我好友，用"秋叶"就可以了，也有助于大家记住我的个人品牌名称。

而且，"秋叶"这个名字好输入，没有什么乱七八糟的表情符号、英文字母、数字，更不是什么看不懂的"火星文"。千万不要随便使用以A字母开头的名字，因为这很容易被误认为是做推广的。

当然，有人希望有自己的空间，不希望所有的号都对外公开，那么你可以开一个小号，想怎样用就怎样用。

2．头像：统一使用有辨识度的个人形象照更好

如果要打造个人品牌，我们不推荐个人号头像用公司logo，更不要用网红照、明星照，这样别人一看就会认为你是营销号，都不想加这样的微信好友。

微信的头像和昵称一样，要选就选有辨识度的，能拉近心理距离的，别人看了以后能产生一定信任感的，所以没有比本人真实形象照更好的头像。

有的朋友特别喜欢换头像，这不是一个好习惯。相反，我们要反复强化自己的形象，特别是一个在公开场合大家接受度高的形象，而不是今天换、明天换。

有的人喜欢用和名人的合影做头像。其实，除非这个名人影响力很大，否则还不如自信一点，只以自己的形象做头像。还有的人喜欢用和家人的合影做头像，但如果头像中有孩子，或者家人反感这样的做法，实际上没有必要如此。若不是做家庭教育方向的个人品牌，建议还是放自己一个人的头像吧。

3．微信号：使用好记忆的字符

每个人的微信都可以设置一个唯一的微信号。

有时候大家不方便扫二维码，可以通过搜索微信号加你。比如，在公众号的评论区留二维码是不可能的，但你可以试试留个人微信号，让别人加你。

特别提醒，微信号一年只能修改一次，所以最好想好了再设置。个人微信号的设置原则很简单：不要设置为复杂的数字、字母混合，简单、易输入就行，方便别人查找并添加你。

4．个人状态：用好微信自带的广告位

微信升级到8.0版本后，可以设置每天的个人状态，你可以在这里发文字、发图片、发视频，甚至发视频号直播间的链接，这就是微信自带的免费广告位。

但是真正会刷到这个广告位的人不会太多，所以虽说它是免费广告位，但最好也别过度营销，它更适合用来表达自己的价值观、生活态度，软性"植入"一些品牌信息。

另外，有了微信状态以后，微信状态背景图的设置也非常灵活。如果我们不希望天天花时间换的话，可以请设计师设计一张突出我们个人品牌形象的海报作为背景图，大气、自然，又不显得过度营销，这样就很好。

5．地区：建议填写真实的地区

明明在国内工作，却把地区写成马尔代夫的人，可能会让部分人有一点点反

感。写自己生活的真实地区，能拉近你与本地朋友的距离。

6．朋友圈：秀出你的朋友圈

打开一个人的微信号，哪怕没有加好友，人们也能马上看到他最近的10条朋友圈。

如果你想做个人品牌，应该将朋友圈打开，不要设置为仅三天可见，而且应该多发一些朋友圈，内容要好看、有意思、对别人有启发、有原创性。这样才能吸引别人关注你，愿意看你的朋友圈。

千万不要让朋友圈充满广告，否则别人会觉得你不过是一个营销号。真要营销自己，你可以展示自己的工作场景、和名人交流的心得、去外面学习的感悟，不仅要让别人觉得你在生活中积极上进、过得丰富多彩，而且要在这些内容中自然"植入"你的产品和品牌。

朋友圈相册封面值得你特别重视。图片就是海报，相册封面就是广告位。因为相册封面在朋友圈中占据着最显眼也是面积最大的位置，给人的第一印象最为深刻。

相册中一定要有你个人的照片。我建议照片要尽可能显示出你的品牌信息，表现出你的工作状态和亲和力，从而吸引别人加你好友。

7．视频号：拍一个好Vlog置顶显示

微信升级到8.0后，如果你开通了视频号，你的微信个人页面会显示你的视频号内容，就在朋友圈下面。显示顺序就是你视频号主页的视频顺序，也就是说，置顶视频会优先显示。

所以要打造个人品牌，大家完全可以请专业团队拍摄两个优质短视频，如表现你生活的Vlog，让别人通过视频更好地了解你。视频在视频号发布后记得设置为置顶，这样新朋友加你，对方就可以通过短视频来了解你是一个怎样的人。

2.2.3　给你的网络自媒体"做装修"

微信个人号是个人社交工具，只有通过申请的人才能加你好友。我们要在网上打造个人品牌，还需要开通其他一系列账户，这些账户和微信个人号一样，也需要"做装修"。

对这些账户的"装修"，也和个人号一样，需要注意方方面面的细节，还有一些额外的注意事项。

1. 注意各平台账号的一致性

注意所有平台账号的昵称、头像、个人简介、背景图尽量保持一致，除非你对不同平台的账号有差异化定位。

特别需要注意的是，不同平台对个人简介字数的要求不一定一致，所以有时候需要针对不同平台对简介的长度做个性化调整。

另外，微信号的设置逻辑，和其他平台的个性化域名差不多，不过具体的规则会有区别。比如，我微博的个性域名是http: //weibo.com/qiuyeppt。直接在微博官网链接后面加上"qiuyeppt"即可进入@秋叶的微博主页，这对于忠实粉丝来说，无疑是一个非常棒的快速入口。

此外，在有的平台上传头像时，你需要考虑大、中、小三种呈现方式下，头像是否都足够清晰，手机端和电脑端是否都能正常呈现，圆形头像和方形头像是否都不会出现被遮挡的情况。

不同平台背景图的设置，区别很大。以微博为例，微博的背景图和头像后的封面图是粉丝进入微博主页后获得的主要视觉信息，二者可以自定义，并且可以作为广告展示位来使用，在电脑端可以看见（见图2-2）。

图 2-2　微博背景图和封面图

鼠标单击微博主页右侧，会出现"上传封面图"和"模板设置"选项，这是两个不同的设置，模板指的是背景图。如果你已经购买会员，在封面图设置中，你可以上传自定义图片，这里可以作为广告位使用。封面墙图片规格为980像素×300像素。

2. 注意你在不同平台申请的账户类型

比如，微信视频号分为企业号和个人号；微信公众号分为服务号和个人号。

不同的账户类型或多或少有功能差异，还有认证流程上的不同。

又比如，新浪微博账号分为个人微博账号和企业微博账号。两者的功能和属性各不相同，从运营的角度来看，个人微博账号和企业微博账号是有区别的（见表2-2）。

表2-2　个人微博账号和企业微博账号的区别

	个人微博		企业微博
账号名称	唯一，不可重复		唯一，不可重复
认证费用	免费，认证类型多样		支持所有企业组织申请账号认证基础权益费用300元/年
认证标识	橙V	金V	蓝V
账号功能和权益	有官方达人资源扶持微博达人开通权限		一般无官方达人资源扶持个性化主页展示（首页轮播图）
营销价值	个人品牌打造，记录生活，分享		展现企业形象，品牌推广，公关

如果企业有做品牌宣传、形象塑造或市场公关的需求，可以选择开通企业微博。微博是一个很好的媒体公关工具，可以快速辟谣，还可以帮助企业建立销售渠道，增加品牌曝光机会。

如果是个人主体，想做个人品牌，或者只想进行日常生活的记录和分享，可以选择个人微博。

3．重视个人标签的设置

在微博、小红书这样的平台，编辑个人资料时，你可以输入标签信息（见图2-3）。不要小看标签信息，它既可以用来展示自己的个人品牌、兴趣特长，也便于大家找到你。

图2-3　个人标签

4．重视关联商品的设置

在很多平台上，你可以在主页设置显示主要作品，并使其可以作为商品销售（见图2-4）。这里的商品可以是数字产品及服务，比如网课、问答、付费会员，也可以是实体商品，比如图书。

图2-4　在主页显示主要作品

比如，我在微博主页设置了付费问答、图书作品，旨在为自己的产品增加曝光的机会。

5. 开通必要的会员,申请认证

很多平台推出了不同的会员和认证服务体系,如果可以申请,我们建议大家申请高等级会员和平台扶持的认证体系。

比如,在微博开通会员,会拥有更大的运营权限。微博普通用户最多可关注2万人,但开通了会员,你就不会为关注不了更多的人而烦恼了。

不同的微博个人认证用户,还可以拥有各种权益(见表2-3)。

表2-3 微博个人认证用户的权益

特权分类	详细说明
独有认证标识	昵称旁独特的"V"认证标识和认证说明共同凸显微博个人认证身份,辨识力强,搜索优先
个性服务	粉丝服务平台、管理中心等认证用户专属功能
加入微博找人页	加入找人页,按照认证的兴趣领域分类展示,方便其他用户根据兴趣搜索和交流
page页特权	基于身份,构建个人平台个性模块,展示多元内容

很多平台的认证需要审核,甚至是邀约制的,通过这些认证本身就是对你个人品牌的一种认同。更重要的是,有了这些身份认证,你可以更方便地参与平台统一组织的运营活动,得到流量扶持,为个人品牌运营创造更多的可能。

2.3
你的形象和"人设"匹配吗

2.3.1 "人设"的三个重要作用

古往今来,许多名人、伟人都有自己独具特色的"人设"。比如,李白的"人设"是"诗仙",杜甫的"人设"是"诗圣",诸葛亮的"人设"是"智慧的化身"，等等。

通过这些"人设"，你可以快速识别上述名人的主要特征，并牢牢地记住他们。这也启示我们：要想让别人更好地认识并记住你的个人品牌，首先要学会为自己建立"人设"。

归纳起来，"人设"的作用主要体现在以下三个方面。

1．"人设"是别人喜欢你、记住你并信任你的关键

什么是"人设"？就是在大家眼里，除了你的专业赛道主标签之外，你能让人记住的副标签，比如"男神""吃货""宅女""神经""毒舌""蠢萌""学霸""学渣"……

许多时候，别人之所以喜欢你、记住你并信任你，正是因为你的"人设"。就好像很多人喜欢我讲的课，不仅是因为我讲课"干货"多，还因为很多人认可我讲课时的"人设"——接地气。

这些副标签如果能强化大家对你的主标签的认同，就是加分，否则大家会发现你身上有很多标签，但是没有一个是突出的，反而会互相干扰。打造个人品牌需要定位，定位是你的专业方向，但是进入同一个专业方向的人绝不会只有你一个，能脱颖而出的人往往有更鲜明的"人设"。

2．"人设"是自我驱动的关键要素

在社交平台的"聚光灯"下，你的一言一行，你的昵称、头像、自拍、兴趣、爱好等，往往会在无形中被贴上特定"人设"的标签。这意味着，"人设"代表的正是别人对你的评价和看法。一旦"人设"形成，你会发现，你每天都会为了营造更好的、更符合自己"人设"的形象而努力。

比如，如果你为自己设定的"人设"是"善解人意的知心姐姐"，那么你会在潜移默化中让自己不断向温柔、善良的形象靠拢；如果你为自己设定的"人设"是"自律的大叔"，那么"自律"的标签会时刻激励你成为更自律的人……

从某种程度上说，"人设"就是你的价值观，它能够约束你的言行，鞭策你不断朝着更好的方向前进，驱动你成为更优秀的自己。

3．"人设"能帮助你找到同类

正如一座社交灯塔，"人设"能够将拥有相同特质的人聚在一起，帮助你在茫茫人海中找到同类。

比如，硅谷有一个只对少数人开放的私家"俱乐部"——"1美元年薪俱乐

部"。其会员就具有非常独特的"人设"：年薪1美元。这个独特的"人设"成功地塑造了"1美元年薪俱乐部"会员为伟大事业而奉献，视金钱如粪土的形象。正因如此，包括谷歌联合创始人谢尔盖·布林（Sergey Brin）、雅虎联合创始人杨致远（Jerry Yang）、苹果前任CEO史蒂夫·乔布斯（Steve Jobs）、脸书CEO马克·扎克伯格（Mark Zuckerberg）等在内的许多互联网顶级"大佬"都加入了该俱乐部。

再比如，在现实生活中，如果你加入了"自律打卡群"或"写作打卡群"，你就为自己贴上了"自律"或"写作"的标签。一方面，这些标签能够帮助你更好地审视自己、定位自己并展示自己，进而让别人更好地了解你、记住你；另一方面，通过这些标签，你也可以找到更多贴着同样标签的同类。

总之，一个成功的"人设"既可以让你更易被他人喜欢、记住和信任，又可以激励你成为更好的自己，彰显你的个人价值，并帮助你找到同类。

2.3.2 六个维度帮你找到自己的"人设"

你可以从六个维度出发找到你的"人设"（见图2-5）。

图2-5 "人设"的六个维度

1．闪光点

每个人身上都有属于自己的闪光点，这些闪光点便是别人喜欢你、对你产生好印象的主要原因。因此，在为自己打造"人设"时，你可以选择从自己的闪光点入手。

比如，如果你是一个性格开朗、幽默风趣的人，那么在日常生活中，你就可以充分展示你的幽默特质，把幽默设置成你的"人设"；如果你身上最闪光的地方是你的坚持和努力，那么你可以为自己设置"坚韧"的"人设"，充分凸显自身的闪光点，让别人因为你的闪光点而记住你、喜欢你。

2. 擅长的事情

在打造"人设"时，除了从自身的闪光点入手，你还可以从自己最擅长的事情入手。

比如，"口红一哥"李佳琦做直播前曾是欧莱雅柜台的彩妆师，给别人推荐彩妆本身就是他十分擅长的事情。在打造自己的"人设"时，李佳琦充分利用了自己的这一优势，成功为自己贴上了"比女生还会化妆的男生"这一标签，显得专业且有魅力。

3. 职业

职业也能成为你的"人设"。利用职业打造"人设"的方法尤其适合运动员、演员、专家、教授等。

比如，一些明星上台自我介绍时常常会说"我是歌手××""我是演员××"，这里的"歌手"和"演员"实际上就是他们利用职业为自己设置的"人设"。再以我自己为例，我一些自媒体账号（如百家号等）的自我介绍栏里写着这样一行文字：武汉工程大学副教授，秋叶PPT创始人。这两个"人设"，实际都是我的职业，都能够体现出我的职业价值。

需要注意的是，如果你选择了把职业设置成自己的"人设"，那么我建议你最好在职业前面加上细分的专业领域，这样效果会更好。比如，你是一个运动员，那么你可以在"运动员"前面加上自己的专业领域——"体操运动员"或"游泳运动员"。限定得越细，大家对你的认知就越清晰。

4. 背景

你来自什么样的家庭、在什么样的环境中成长等也可以成为你的"人设"。

比如，我们经常听到的"寒门学子""草根歌手"等，就是利用背景设置"人设"的典型案例。

5. 价值观

价值观也是"人设"的重要维度。具体来说，价值观指你内心所相信和坚持的，或者你对待世界、对待生活、对待某件事的态度。

比如，网络红人papi酱擅长搞笑，也善恶分明。她的这种价值观，就是一个鲜明、立体的"人设"。

6．目标和愿景

你想成为怎样的人，你的目标和愿景是什么，你的目标和愿景对你产生了怎样的影响，为了实现这样的愿景，你会做什么等，这些也可以成为你的"人设"。

比如，企业家王健林在做客《鲁豫大咖一日行》节目时，曾因一句"先定一个能达到的小目标，比方说，我先挣它一个亿"而走红。后来，"先挣一个亿"便成了王健林的专属"人设"，每当大家提到王健林时，都会不自觉地想到"先挣一个亿"。尽管这个"人设"并不是王健林刻意打造的，但这个例子间接地说明了目标和愿望也能成为"人设"。

以上介绍了贴"人设"的重要性和六个入手维度。总之，一个个性鲜明且合理的"人设"就是你生活和职场中的通行证，能够让大家更好地认识并记住你。最后我要强调的是，一旦你给自己设置了某个"人设"，你的言行举止一定要符合这一"人设"，否则"人设""崩塌"将带来极大的负面效应。

2.3.3　让你的形象和"人设"保持一致

"人设"，说到底是一个人在大家心中的形象，是一种"印象管理"。你心目中理想的个人形象是什么样子？你希望别人看到的你是什么样的？

如果你想给人留下一个干净利落的形象，那么你的服装、谈吐，甚至配图和行文的风格，都必须给人干净利落的感觉，所以你需要穿职业装、正装来强化自己的形象。如果你要打造一个居家能手的个人品牌形象，你就需要用家庭装、主妇装来强化自己的个人品牌。

网络上有一句金句："没有人愿意透过你邋遢的外表去了解你的内在。"这句话看似直白、调侃，实则道出了一个真相：不注重个人形象，很难给人留下好印象。尽管先入为主地以貌取人并不是一个好习惯，但是我们无法否认形象的重要性。据统计，良好的第一印象80%取决于个人形象。

人靠衣装，佛靠金装。一个人的外在形象会显著影响别人对你的看法和态度，良好的个人形象能给人留下直观印象，并使人形成对你的晕轮效应。想打造个人品牌，就得认识到个人形象就是影响力，好的个人形象是生产力，能帮你拥有充分调动资源的"气场"。但要做到这一切，你的形象就得和你的"人设"相匹配。

我过去也不重视形象，觉得成大事者不拘小节。后来开始做高端线下私房课，被人劝说一定要理发，正装出席，每天穿不同的衣服，以最好的状态和学员在一起。按他说的做了之后，我发现，果然人的精神能量是可以通过外部形象得到增强的，学员也更愿意和形象好的老师在一起，不管是单独合影还是集体合影，大家都更乐于传播"颜值高"的人的照片。这样一想，成大事者不拘小节其实说的是成功者，我们普通人在打造个人品牌时，就更需要用外部修饰强化自己的个人形象。

当然，个人形象并不单单肤浅地指人的相貌、着装，还包括言行举止等方方面面，它衡量的是一个人的综合状态。归纳起来，个人形象可分为三类：自然形象、社会形象、行为形象。

1．用好的自然形象吸引用户

自然形象主要包含六个要素（见图2-6）。

图2-6　自然形象的六个要素

六个要素中，性别、年龄、肤色和容貌是与生俱来的，很难通过后天的努力改变，而服饰和体态却是可以"修炼"和控制的。因此，如果你想要在和别人接触时给对方留下深刻印象，那么你可以在服饰的选择和体态的训练上多花心思。

服饰包括人的衣着、配饰和发型，它对一个人给他人留下的印象而言至关重要。大部分人在见你第一面时，往往会根据你的穿着打扮来大致判断你有多少内涵。当然，在如今这个崇尚自由的年代，对于在什么场合应该穿什么衣服并没有绝对的答案，但在穿着打扮上，你至少应做到以下三点。

一是保持衣服的干净、整洁，这也是穿着打扮最基础的要求。

二是注意场合。比如，大裤衩与拖鞋在海边很常见，可如果它们出现在正式场合，就显得很怪异。

三是选择符合自身身份定位且符合用户心理的服饰。以我为例，我是一名高校老师，同时也是一家在线教育公司的创始人，那么在选择服饰时，我会挑选一些既显得稳重，又不至于古板的款式和颜色，以此来贴合我的身份定位。

当然，在做到以上三点的基础上，你还可以巧妙地利用服饰突出自己的个性特征和个人品牌。以策划师叶茂中先生为例，不管出现在什么场合，他头上始终戴着一顶有着一颗红星的鸭舌帽，这顶帽子实际上就是他为自己打造的个人品牌形象的重要元素，是他的标志物和logo。而且这顶帽子的设计非常巧妙，因为叶茂中的个人品牌定位是新锐、深刻，戴这顶帽子刚好可以强化他的新锐感和深刻感。

体态是一个人的身体姿态，主要包括站姿、坐姿、行姿、手势及面部表情等。和服饰一样，体态也是大部分人见你第一面时在内心对你进行评判的标准之一。一个体态好的人往往能给人留下有修养的好印象，而一个体态欠佳的人则会让人感觉他提不起精神。

当然，体态不是与生俱来的，它可以通过后天有意识的训练进行调整。如果你想拥有好的体态，从而为你的外在形象加分，那么在日常生活中你就要多注意自己的站姿、坐姿、行姿、手势及面部表情，并对此进行训练。

总之，良好的自然形象能给人留下美好的第一印象。在给自己贴形象标签的过程中，你给自己贴上的第一张标签往往就是自然形象标签。

2．让社会形象为你增光添彩

社会形象指作为社会人的你呈现出来的社会属性。社会形象主要包含十个要素（见图2-7）。

图2-7　社会形象的十个要素

如何为自己贴社会形象标签呢？我的建议是选择有代表性的社会形象要素作为自己的社会形象标签。社会形象标签在精而不在多，你至多可以选择三个最具代表性、最能体现自己特质、身份或荣誉的社会形象要素作为自己的形象标签。

好的社会形象标签还应该和你的个人品牌结合，让你的社会形象展示逻辑更符合你的个人品牌定位。

这里为大家推荐一种实用的社会形象标签展示逻辑——现在、过去、将来三维表达法（见图2-8）。

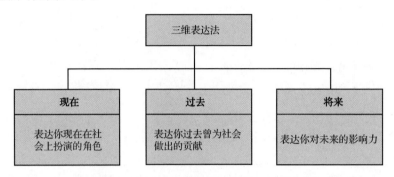

图 2-8 社会形象标签的三维表达法

以我为例，在利用三维表达法展示自己的社会形象标签时，可以这样表述。

现在： 武汉工程大学副教授，秋叶商学院创始人，"和秋叶一起学"品牌（网课+图书+训练营）创始人。

过去： 曾出版"秋叶"系列图书30多本，累计销售200万册；被评为武汉市"十佳创业导师"；被邀请到中欧商学院、TEDx做分享；用"干货"知识赢得了众多年轻人的认可。

将来： 用知识影响更多年轻人，帮助更多年轻人。

不难看出，在利用三维表达法展示自己的社会形象标签时，我主要选择了和教育相关的"社会职务"和"荣誉"两个社会形象要素作为自己的社会形象标签，通过这样的逻辑展示，我的社会形象将更一目了然。

3. 让你的言行举止传递个人品牌形象

如果说自然形象标签和社会形象标签反映的是静态的个人品牌形象，那么行为形象标签反映的就是动态的你是怎样的一个人。行为形象包含五个要素（见图2-9）。

（1）谈吐。

谈吐主要包含两个方面的内容：一是所说的内容；二是说话的声音，包括音色、音量、音调等。

先谈所说的内容。通常，从一个人通过语言表达出来的内容中，我们便可以窥探到他的特质和价值观。例如，马云是一个人很善于"造梦"的人，在他的演讲中，他总是谈梦想、谈未来、谈奋斗；薇娅的个人定位是"知心大姐"，因此在她的直播中，她经常有意无意地和粉丝聊一些家长里短。

图2-9　行为形象的五个要素

再谈说话的声音。俗话说"言为心声，声为其人"，个性的声音也能成为你最有力的行为形象标签，让用户一下子记住你。比如，歌手杨坤就是凭借自己独具特色的沙哑嗓音成功俘获无数歌迷的芳心的。

（2）动作或行为。

动作或行为也能够成为你的行为形象标签。例如，抖音账号"小月月"的出镜人员会在每期短视频结束时握拳喊出"加油"，这一手势和口号就成了其专属的记忆点。

（3）生活方式。

生活方式指你的衣食住行，你在非工作状态下呈现出来的行为方式。通常，你的生活方式是怎样的，就会给别人留下怎样的印象，进而为自己贴上相应的行为形象标签。

例如，在日常生活中，如果你是一个经常熬夜或者天天"泡吧"的人，那么你给别人的印象就会是"生活不规律"；反之，如果你每天早睡早起，那么你给别人留下的印象就会是"生活规律"。

（4）工作方式。

工作方式是指你在职场上的行为方式。和生活方式一样，工作方式也是影响人们对你的印象的要素。

例如，在工作中，如果你丢三落四、毫无目标，你就会给别人留下"不靠谱"的印象；如果你兢兢业业、做事认真，则会让人感觉"靠谱"。

（5）人际关系。

从某种程度上说，人际关系的构建也是打造行为形象的重要途径。所以有的人经常在朋友圈里发与名人在一起的照片；餐馆、酒店经常将明星在店里消费的照片贴在最显眼的地方；公司经常在展示馆里展示名人来公司参观的照片……为什么会有这些操作呢？答案很简单，因为上述做法都是相关人员或企业对自己的人际关系和社会资源的展示。

　　要打造个人品牌，你就必须先系统思考你需要展现给公众你怎样的"人设"。这个"人设"会便于形象设计师为你搭配服饰，便于平面设计师为你设计推广海报，也便于视频剪辑师为你拍摄和剪辑视频。

　　你也会因为明确了自己的"人设"而努力进行内外的修炼，让自己能够成为你期望成为的人。从这个角度来说，决心打造个人品牌，想好定位和"人设"，也会帮助你完善你想要打造的形象。

2.4
颜值就是正义v.s.特色才是品牌

　　有一个流行词叫作"外貌协会"，用来形容以外貌为标准来看待和评价一个人的做法。大家有没有注意到，企业在请形象代言人的时候，肯定会请很漂亮或很英俊的当红演员？这些演员都有高"颜值"，这也让大部分人对自己的"颜值"产生了一种自卑感，认为当今是一个"颜值"比才华更重要的时代。

　　我也有过这样的困惑。直播的时候，我总是纠结自己的脸是不是不够好看，观众会不会觉得这个大叔长得好丑，结果我不断分心考虑自己的样子是不是不自然，笑容是不是很僵硬，反而影响了我直播时的发挥，使我显得很拘谨、放不开，"赶走"了直播间的观众。经过很多次直播后，我终于能够在很大程度上放下"颜值"这件事，放开自己，在直播间里互动，用心服务观众，这样一来，直播间的人反而觉得好玩了起来。

　　节目《奇葩说》里曾讨论过颜值和才华哪个更重要的问题，马东、蔡康永和罗振宇老师都选择了"颜值"，罗振宇老师还说："当然是长得好看重要了，没有才华可以慢慢学嘛。"名人都这样说，大家不知不觉就会接受一个观念："颜值"是第一生产力，跟人的才华比起来，有时候"颜值"的作用会更胜一筹，自己无论多么努力，也竞争不过那些长得好看的人。好像只要一个人长得好看，哪怕做错了也会被原谅；长得不好看的人做得再好，往往也会被挑剔。

但财经作家吴晓波说过："颜值"即正义，但不是最终的正义。他认为，"颜值"是第一印象，但不是最后的印象，一个人要在社会上取得成就，获得尊重，还是得靠自己的努力。

对想打造个人品牌的人而言也是如此。比"颜值"更为本质的是个人品牌力，后者涵盖了你的个性、你的"人设"、你的积累、你的产品、你的营销推广等，是一个需要持续维护，但维护起来难度很大的系统。

我们既强调视觉形象设计对打造个人品牌非常重要，又强调一个人的外在形象可以通过设计和修炼得到系统改善，还强调做出自己的特色，真正成为在某个领域不可替代的人，才是打造个人品牌的关键。"颜值"不是个人品牌形象设计的最关键因素。长得好看的年轻人很多，真正能成为当红艺人的人，还要有自己不可替代的特色（见图2-10）。

图 2-10　特色是个人品牌形象设计的关键

我们真正要思考的是你和别人的根本区别是什么，你有什么独一无二的特色，我们如何通过视觉化形象设计去强调并放大你的特色，才能让你的个人品牌被更多的人记住和认可。

特色并不意味着要围绕自己设计，而是应该先思考市场上需要什么产品和服务，你能否围绕这样的产品和服务做出特色，这才是正确的思路。打造个人品牌不能从你想成为谁谁谁的角度出发，而是要和一家企业一样，能站在服务消费者、方便消费者的角度去思考，当你的产品和服务受到越来越多的人的认可和青睐时，你的个人品牌自然就很容易做大。

在日本有一种表格文化，人们喜欢把所有的工作步骤和标准都细致地整理为各种清单、检查表格。日本把这些表格和相关资料称为"手顺"。表格的好处有很多，它可以帮我们进行齐全、简练的记录，方便整理，方便纵观全局，使我们可以着眼于宏观来进行思考，也可以深入细节。表格记录也方便传播、方便讨论、方便修改。新手如果有这些齐全的资料，确实可以比较顺利地开展工作，尽快成长为能出活的老手，无形之中大大提高整个团队的效率。

做表的人可能会特别烦，但这对需要快速掌握相关信息的新手特别友好。如果有人专注于搜集日本各行各业的这种通用性很强的表格，以及这些表格的设计逻辑、使用方法，把这些工作方法以表格的形式介绍给国内的职场新手朋友，同时做好表格模板、表格案例的视觉设计，让大家一看就懂、一学就会、一用就灵，我相信这些人会因为他们推荐的表格工作法的特色而得到很多人的认同。

我想在这件事中，真正要强调"颜值"的不是介绍表格的人，而是要介绍的表格。如果我们用非常醒目的排版、好看的配色、漂亮的字体，甚至是用手绘的风格提升这些表格的可读性，我想这一定会对这些表格的传播有促进作用。

大家真正在意的是你的特色能否给他们带来价值，这才是你打造个人品牌的核心，我们不能把打造个人品牌变成简单的外形、"颜值"的比拼而忘记了为别人创造出独一无二的价值。价值才是最根本的需求。

找到你的特色，用视觉化的方式强调它，这才是打造个人品牌的正确方式。

2.5 你需要一份个人品牌视觉管理清单

做个人品牌，要有统一的形象、品牌名、个人简介、金句、宣传海报、宣传视频、奖杯、证书、表情包等，从多个方面展现和宣传自己。而且，在不同的宣传渠道，我们也需要统一的个人品牌视觉管理。下面的这张表有助于想打造个人品牌的朋友对照设计自己的个人品牌视觉管理清单（见表2-4）。

表2-4　个人品牌视觉管理清单

视觉管理分类	具体管理类目
个人形象	符合"人设"的服饰管理、发型管理、身材管理等
个人肖像照	对外发布的统一的照片和不同照片的使用指南
个人slogan	个人践行的理念和价值观，需要视觉化
个人商标	注册的个人品牌商标
个人金句海报	将过去演讲中的金句做成海报，用于分享
个人宣传海报	用于对外推广的活动海报模板和范例
个人宣传视频	用于对外推广的宣传视频，需要制作不同长度和用途的版本，以及统一的片头片尾
个人活动照片	在活动中拍摄的优质照片或短视频
个人分享课件	外部分享用的PPT课件或其他格式的讲义
个人获奖清单	重要奖项证书的照片，需要处理成PNG图片以方便采用
个人重要合影	和各行各业有影响力朋友的合影
个人头像	各种网络平台的头像设置
个人背景图	各种网络平台的背景图设置
个人简介	各种网络平台不同位置、不同版本、不同用途的个人简介
个人产品清单	个人出品的各种可销售的商品或服务的清单
个人图书	图书封面、作者简介，需要统一设计
个人专用红包封面	用于需要发红包的社交场合的红包封面
个人专用表情包	用于需要活跃社交气氛的场合的表情包
个人名片	用于交换的名片，包括电子名片
个人随手礼	需要时赠送给别人的礼物，应该考虑统一设计

随着个人品牌影响力的增强，这个视觉管理清单的内容会不断增多，个人品牌的视觉管理工作量也会越来越大。

直播力：让你的个人品牌变得有温度

"OMG，买它！""3、2、1，开链接！"……在李佳琦的标志性语言中，你会如着了魔一般不自觉地买下口红、香水等商品。

这一幕是不是让你感觉很熟悉？2020年，直播彻底火了。从李佳琦、薇娅等头部主播不断创下带货奇迹，到普通素人纷纷加入直播大军；从"央视boys"组团为国货、扶贫产品助力，到各地政府工作人员纷纷上阵，为本地农产品"代言"……直播这种"非典型"营销和交流模式正成为一种流行趋势，释放出了巨大的潜力和无限的魅力。

正如雷军所说："站在风口上，猪也能飞起来。"毋庸置疑的是，直播正是如今刮得最强劲的那股"风"，借助直播扩大自身影响力、打造个人品牌、实现变现，正成为新的可能。

直播力将成为打造个人品牌的标配能力。

3.1
做"网红"带货直播，还是做社群陪伴直播

3.1.1 不做直播是不行的

今天，如果一个主流平台不支持直播功能，那它一定落伍了。几乎所有的电商平台都开通了商家直播功能，甚至各大自媒体平台，如以知乎、今日头条为代表的文字平台，以抖音、快手为代表的短视频平台，以喜马拉雅为代表的语音平台，也都开放了直播功能。诸多平台的入局，让直播营销几乎成为各行各业从业者的营销标配，而"一场直播卖货千万甚至上亿"的案例，在各大平台也已经屡见不鲜了。

一个人想打造个人品牌，不去利用直播这个武器，就好比别人开法拉利，你开拖拉机，你的发展速度会慢很多。虽然有"镜头恐惧症"的人很多，不到万不

得已，很多人并不想做主播，但打造个人品牌就是一个不断走出自己舒适区的过程，舒舒服服、轻轻松松地产生影响力是不可能的。

相比文字、图片、短视频，直播这种模式的好处是很明显的。绝大部分人的文字、图片、短视频都很难做到让别人看完就记住，但直播"刷脸"这个事情，真的是做多了，大家看你看顺眼了，以后就认你的推荐了，你卖什么都会变得容易。直播的主要优势还有以下三点。

（1）更具个性的信息传递。在直播间，大家可以看到主播的脸，听到主播的声音，围观主播的工作或生活场所，思考主播的观点，比简单看文字更容易了解一个人、认可一个人。

（2）更高效的销售服务。主播在直播间可同时接待的用户数量远超线下导购，主播能在短时间内服务更多的潜在用户。而且和用户在网站浏览商品图文或商品参数不同，直播营销可以将主播试吃、试玩、试用等过程直观地展示在用户面前，更快捷地将用户带入营销所需场景。直播能够快速让用户对商品产生信任，提高用户对主播的消费信赖感。

有购买意向的用户还可以实时在直播间提问，主播可以即时反馈，也可以关注用户真实情绪下的快速反应，额外提供福利刺激，缩短用户的消费决策时间。

（3）更活跃的交流氛围。现在直播间的功能越来越多，交互性越来越强，用户更容易受到环境暗示影响，从而产生认同感。这种环境暗示影响，可能是基于"看到很多人都认可"的"从众心理"，也可能是基于"大家都在追主播"而产生的"榜样效应"，还可能是通过主播话术里的紧迫感触发的"稀缺心理"起作用的。不管具体原因是什么，在这种氛围下，用户都更容易对主播产生信任感。

想打造个人品牌，就需要营造个性化的直播"气场"（见图3-1）。个性化的直播"气场"是围绕直播"人货场"三要素构建的，但和纯卖货的主播相比，我们的"人货场"强调把线上服务和购物体验结合起来运营。

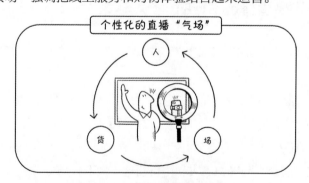

图 3-1　个性化的直播"气场"

（1）人。

直播营销中的"人"有两个元素：用户和主播。

用户是直播间人气的保证，好的直播间，其运营目的就是吸引"同频"的新用户，将他们留在直播间。评价一场直播的效果好不好，不一定要以卖了多少货为标准，还可以考察有多少新用户认可了主播，愿意关注主播的直播间。

只有把直播间的订阅量做到一定的规模，主播才有可能发起有影响力的活动，造出更大的声势，吸引更大的品牌来合作，为自己的粉丝争取到更低的价格和更有吸引力的福利，让直播间用户留存形成一个正循环。

优秀的主播往往拥有以下三个条件。

1）对专业话题足够熟悉，信手拈来，结合各种热点推广商品和服务毫无违和感。

2）有鲜明的特色、"人设"、风格、个人魅力。

3）能够使用自己的金句、合适的话术来打动用户。

当然，如今的直播营销已经不是主播一个人在战斗，而是一个运营团队在其背后出谋划策并支撑运营。

（2）货。

"货"指直播间内销售的商品，也可以指主播在直播间分享的知识"干货"。打造个人品牌是需要沉淀的，我们不是一开始就需要卖货变现，把自己定位成超级销售主播。我们更需要的是展现自己的专业度，让大家觉得这个主播"肚里有货"。所以，请基于你的专业方向，设计一系列不重样的分享话题，让追随你的粉丝常听常有，越听越新鲜，这样他们更容易认可你的个人品牌，进而相信你推荐的产品。

（3）场。

直播的"场"主要指通过直播建立你和订阅者之间的连接，形成自己的连接文化，最终通过大家互相认同的氛围，激发用户参与，让大家产生学习和消费的愿望，从而使你的直播间具有变现能力。

对有个人品牌的人而言，在直播间创造四种场很关键。

1）社交式的场。不一定是卖货，而是主播在直播间分享，和大家一起互动，这会让人感觉非常自在，觉得找到了对的圈子。

2）学习式的场。设置特定主题的直播，带着大家一起学习、思考，让直播间观众认同主播，并且帮助主播不断扩大影响力，吸引更多的人来学习。

3）"宠粉"式的场。有个人品牌的人的直播间和销售型直播间区别在于，前者不能总是给人只想赚钱的感觉，容易让观众感到厌烦。但如果我们想办法发动社群用户来直播间，给大家争取好东西，提供内部福利价让大家下单，大家抢到好物的同时还会有一种被"宠溺"的感觉。这种"宠粉"直播策划是非常重要的。

4）追星式的场。当有了影响力，你完全可以邀请很多有影响力的人来到你的直播间，吸引彼此的粉丝们定时观看，让大家觉得你这里是一个有能量、有吸引力的直播间。

3.1.2 不一定要"网红"直播，也可以陪伴直播

关于直播，很多人都有误解，觉得自己的直播间人太少，而且不一定能带货，所以直播对自己没有价值。另外，自己也学不来李佳琦、薇娅那种快节奏的带货风格，自己是不是做不了直播？

我认为这种认知是错误的，世界很大，直播也有很多类型，我们不应该认为只有一种直播，大家只需要一种直播风格，而应该意识到关键是找到自己的模式。

1. 直播不一定要快节奏

2021年的第一天，一期特殊的节目在西班牙阿拉贡电视台的黄金时间悄然播出：当晚9时20分，4台摄像机在萨拉戈萨医院的重症监护室准备就绪，4小时无间断进行直播，最真实地呈现了该医院的救治情况。这期名为"2021年之旅"的直播节目吸引了约27.4万名观众，并收到了约400万条评论。像"2021年之旅"这样几乎没有后期剪辑的长时间节目又被称为慢直播（slow TV）。

慢直播最早流行于挪威。挪威广播公司（NRK）为了纪念卑尔根铁路建成100周年，曾于2009年制作了一期长达7小时的旅行直播节目——火车行进306千米，160次进出隧道，几乎未经剪辑地"素颜"亮相。观众们不但没有因为节目无聊而给"差评"，还十分买账——5个小时内，超过120万人观看了这次马拉松式的直播，观众人数占挪威人口的近1/4。自此，这一特殊的节目形式就开始在挪威流行。11年来，挪威一共播出了28期慢直播节目，主题可谓五花八门：25小时织毛衣直播、7天7夜驯鹿迁徙直播、42小时母鸡孵小鸡直播……

慢直播几乎没什么剪辑，更别谈特效了，拍到哪儿是哪儿。2020年央视对火神山、雷神山医院建设过程的慢直播，引得很多网友在评论区积极发言、互动，成为全民关注的焦点。当时很多网友共同关注医院的建设，在直播间里评论、留言，甚至还给叉车起名字。

带货直播让人产生兴奋感，慢直播让人产生幸福感。

我们今天生活在一个快节奏的社会，慢直播反而给了我们很多人喘息的机会。很多直播间一进去就要面对买或者不买的压力，这对很多人来说其实是一种负担。有的人就希望漫无目的地看一场慢直播。有人说，自己曾在网上看一个博主直播自己练字，"不说话，低着头写字，配着舒缓的音乐……就这么随意地看着，我就会觉得很放松"。

很多观众会默默看着有才华的人做手工、做习题、做瑜伽，这些人不用在意别人的看法，做好自己擅长的事情即可，观众也不需要像在带货的直播间那样"拼手速"，可以安安静静地看。

慢直播也是一种让你可以通过社交媒体与别人互动且相互陪伴的方式。在直播中，你可以随时通过社交媒体与别人互动，但这不是令人头疼的网课，更不是严肃的工作会议，也不是你一定不能错过的好货，你可以一边看直播一边唠唠直播的内容，甚至随便说点家常。大家就这样互相陪伴一阵子，非常好。

现代人总觉得"时间就是生命"，学习要快，工作要快，甚至连听个音频、看个视频都要调成两倍速。慢直播的奇妙之处就在于，观众不用一直盯着看。喜欢你的人可以一边用手机播放你的直播画面，一边收拾屋子，或者做点喜欢的事，也不怕错过什么。

2. 直播不一定要人多

还有很多人纠结于自己的直播间人太少，数据不稳定。这实际上是把自己当成了流量型主播。这类主播靠才艺打赏或带货赚钱，对他们而言，流量大收入才会高。

但我们做主播，不一定要预定自己一场要服务多少人，我们完全可以为少数人做深度直播，讲深、讲透，效果更好。

我曾办过一个线上写作特训营，到2020年底已经举办了18期，有超过5000名学员报名。我会在每期特训营中给学员做两场直播答疑，解答他们在课程学习中遇到的问题。每场答疑主要就是训练营学员观看，人数并不多。

但是这种专属性质的答疑给学员带来的体验反而很好，虽然每一场的人数都不多，但是大家对每一场的认同度都很高，其效果反而比努力吸引网上的泛流量的效果更好，实现了更大的口碑传播效应。

3.不需要做带货主播，可以做聊天主播

2020年8月抖音直播推出"生活聊天室"，主播可以每天邀请其他3～4位主播来直播间聊天，一起来聊聊大家生活中的那些事儿，如工作、感情、育儿、游戏等。在生活聊天室中，主播不仅可以与直播间的多位观众进行实时连线，还可以就某一话题发起投票。这样一来，语音连线、评论区、话题投票，以及礼物打赏等功能，极大地丰富了直播间的互动玩法。

抖音的这种尝试其实也启发我们个人品牌打造者：不一定非要成为带货主播不可，我们也可以通过直播的方式，为自己的"铁粉"答疑解惑，探讨他们关心的问题，这也是一种非常好的直播场景。

像游戏、职场、教育、体育、汽车等专业性较强的内容，都很适合直播答疑。一些不善于表演和讲课等单向内容输出的创作者，可以选择这种直播模式。我在此分享两个抖音生活聊天室的案例，大家完全可以借鉴里面的思路。

Rafael是一位在加拿大留学的英语教学类短视频创作者。当他发现生活聊天室之后，干脆把自己的直播间变成了线上英语角。每晚直播一开始，Rafael便会抛出一个希望大家用英语交流的话题，然后选择8个想要参与的观众语音连线，从他自己开始，依次就话题进行表述和讨论。在直播间观众表达的过程中，Rafael会时不时地纠正一些英语发音和语法，也会以一问一答的形式与每个人交流几分钟。慢慢地，很多人不仅在Rafael的直播间里学到了英语，还交到了一些有着共同考研或留学目标的朋友。

拐哥是一位汽车类短视频创作者，其短视频的内容多是教网友如何选车，无论是二手车还是豪车，他都门儿清。然而，他擅长的分析答疑式内容并不适合弱互动的直播间，因此他从未直播过。在生活聊天室中，拐哥会选择和有购车需求的观众连线，聊一聊对方的理想车型、买车预算，以及生活、工作中与车相关的需求场景等。由于拐哥聊天室的话题非常明确，聚集起来的观众都是对车非常感兴趣或有购车需求的人，这让直播间的互动气氛异常浓烈。

这种聊天式的直播其实一样有带货潜力，因为主播可以从消费者的角度分析他们关心的问题，表达自己对产品选择的想法，从而可以根据连线观众具有代表性的需求，推荐更能切中消费者"痛点"的商品，不仅说服观众购买，还能带动更多人购买。

3.1.3　可以选择哪些类型的直播

直播有不同的类型，直播营销的主要形式如表3-1所示。了解不同的直播类型，我们就了解了可以利用直播为自己的个人品牌事业做什么。

对想打造个人品牌的人而言，推销式直播、产地式直播、体验式直播、知识类直播、访谈式直播、日常式直播都是可以优先考虑的。

表3-1　直播营销的主要形式

直播营销形式	直播间形式	直播内容	商品来源
推销式直播	自己搭建的室内直播间	讲解并展示商品，通过一些促销方式引导用户做出购买决策	合作品牌的商品
产地式直播	商品的原产地或生产车间	展示商品真实的生产环境、生产过程，通过具有"真实感"的呈现引导用户做出购买决策	合作地区的农产品、合作品牌的商品
基地式直播	向直播基地运营方缴纳基地服务费，使用基地提供的直播间	讲解并展示商品，通过丰富的品类以及有吸引力的价格，引导用户做出购买决策	直播基地的商品，这些商品往往有淘宝店铺链接，可一键上架到自己的直播间
体验式直播	自己搭建的室内直播间	在直播间里，现场对商品进行加工、制作，向用户展示商品经过加工后的真实状态或商品的使用过程，唤起用户的体验兴趣，吸引用户做出购买决策	自制商品，或者品牌商提供的商品，主要类别是食品、小型家电等
砍价式直播	自己搭建的室内直播间或者品牌商提供的直播间	先分析商品的优缺点，并告诉用户商品的价格区间，待确定用户有一定的购买意愿后，再向品牌商砍价，为用户争取更优惠的价格。价格协商一致后即可成交	多为合作品牌的商品
秒杀式直播	自己搭建的室内直播间	向用户推荐商品，通过限时、限量等方式，刺激用户快速做出购买决策	多为合作品牌的商品

直播营销形式	直播间形式	直播内容	商品来源
知识类直播	自己搭建的室内直播间	以授课的方式在直播中分享一些有价值的知识或技巧,在获得用户的信任后,再推荐合作品牌的商品或者与所分享的知识相关的在线教育类服务	多为合作品牌的商品,或者与所分享的知识相关的在线教育类服务
才艺式直播	自己搭建的室内直播间	表演舞蹈、脱口秀、魔术等才艺,并在表演才艺的过程中使用要推广的商品,如跟才艺表演相关的服装、鞋、乐器等	多为合作品牌的商品
测评式直播	自己搭建的室内直播间	边拆箱边介绍箱子里面的商品,需要客观地描述商品的特点和使用体验,让用户真实、全面地了解商品的功能、性能等,从而让用户产生购买意愿并做出购买决策	多为合作品牌的商品,多为数码产品
访谈式直播	自己搭建的室内直播间	围绕跟商品相关的某个主题,与嘉宾互动、交谈,阐述自己的观点和看法,向用户介绍商品的独特功能和使用方法,吸引用户做出购买决策	多为合作品牌的商品
海淘式直播	国外的商场或免税店	在国外的商场或免税店直播,展示国外商场或免税店的商品及选购商品的过程,提升用户的信任度,引导用户做出购买决策	国外商场或免税店销售的国外品牌的商品
日常式直播	在日常生活场所或者工作场所搭建的直播间	对主播个人而言,可以直播有关日常生活的内容;对于企业来说,可以通过直播企业的日常工作场景,如研发新品的过程、生产商品的过程、领导开会的情景、员工的工作状态、办公室趣事等,提升用户对主播和直播间的黏性	对直播团队来说,可以是合作品牌的商品;对企业的直播部门来说,可以是企业自己的商品或者合作商的商品

3.2
做好直播策划，让1万个
"铁杆粉丝"自动上门

3.2.1 做好直播的时间规划

哪怕你的个人品牌小有名气，只要你没有做过主播，在直播这个舞台，你就还是一个零基础的"素人"，预期过高反而容易"翻车"。要想真正成为大家喜欢的主播，你开播前需要做好充足的准备。

直播的门槛并不高，但若想在这个行业里做出成绩，除了要能够"努力到无能为力，拼搏到感动自己"，你还需要有良好的心态。现在大部分直播平台是根据主播的数据分配流量推荐的，如果你没有足够的直播频率和时长，直播间留不住人，下单率不够，你可能就只能靠自己给你的直播间拉流量、攒人气。

我在网上看到过直播间快速"涨粉"三招：①直播时间尽可能涵盖21：30～22：30的黄金时段，时长最少两个小时；②屡试不爽的"发红包吸引粉丝法则"；③不管直播风格如何，对粉丝的合理要求做到有求必应。

在这三招中，无论是哪一招，对主播的心态都是很大的考验。主播要规划自己的直播频率和时间，要在没有获得之前坚持付出，不只是体力，还有金钱。不管自己的情绪如何，都要努力满足粉丝的要求。如果没有做好心理建设，是很难坚持的。

这里面最需要规划的是时间，而且哪怕直播效果暂时不够好，也必须坚持做时间规划。很多人只要连续几场直播看不到效果，就会选择放弃。而很多成功的职业主播每周至少做五场直播，每一场至少持续两个小时，这对主播的专业能力和身体素质都是一个考验。

我们建议大家一开始就充分考虑自己能直播的时间，包括选择合适的时间段，将直播时间固定下来，以及确定直播时长。只有这样，你才能形成稳定的工作习惯，你的粉丝也能形成稳定的观看习惯，直播间才能慢慢从人气一般往高人气的方向发展。

一般情况下，直播有四个时间段可供选择，分别是早上、中午、晚上、凌晨，不同类型的主播可以根据自身的用户积累和时间分配情况进行具体选择。直播时间和直播时长一旦确定，最好不要轻易改变，因为固定的直播时间和直播时长更利于用户养成观看直播的习惯。

3.2.2 做好直播平台的选择

当直播的风口出现后，不仅做直播的人会"追风"，直播平台也会"追风"。如今，许多App都逐渐开通了直播功能。究竟要选择在哪个平台直播？究竟哪个直播平台最适合自己？这些都是你在进入直播赛道前要问自己的问题。

我的建议是，在选择直播平台时，除了要考虑你自身的实际情况，还要充分考虑直播平台的用户属性、用户偏好和火热程度。表3-2归纳了如今比较热门的直播平台的相关情况，以供你在做选择时进行参考。

表3-2　各主流直播平台信息汇总

类型	直播平台	用户属性	用户偏好	火热程度
泛娱乐类	抖音直播	男女用户比例均衡；年龄集中在24～40岁；主要分布在四线及以上城市；活跃时间主要为8～22点	整体偏好游戏、电子产品、穿搭、母婴和美食等内容	★★★★★
	快手直播	30岁以下用户占比超过70%；主要集中在二线以下城市及地区；日活用户达到1.7亿	整体偏好生活类内容	★★★★★
	花椒直播	"90后""95后""00后"用户占60%以上；主要分布在沿海及经济较为发达的地区；追逐时尚和科技潮流	热衷才艺类、互动类、明星类直播	★★★

类型	直播平台	用户属性	用户偏好	火热程度
电商类	淘宝直播	男女用户比例为4∶6；以"80后""90后"群体为主	整体偏好女装、美妆、母婴、食品类直播	★★★★
	京东直播	男女用户比例为6∶4；50%用户年龄在26～35岁；二线以上城市用户占比较高	偏好集中在食品饮料、母婴、手机通信、家用电器、服饰内衣、电脑办公上	★★★
	拼多多直播	近60%用户来自三线及以下城市；女性用户占比达70.5%；25～35岁的用户占比超过57%	偏向低价折扣商品	★★★
游戏类	虎牙直播	"90后"用户占比超80%；女性用户占比达到30%；用户主要集中在广东、江苏和浙江等沿海省份，且二线及以上城市用户占比接近50%	偏好游戏领域内容	★★
	斗鱼直播	男性用户占比达76%；年龄主要集中在25～35岁；用户主要集中在经济发达地区	偏好游戏领域内容	★★
	哔哩哔哩直播	男女用户比例比较平衡；年龄主要集中在35岁以下；主要分布在沿海经济发达地区	偏好游戏、生活、娱乐、影视、番剧、科技类内容	★★
课程类	腾讯课堂	男性用户占比达到58%；70%的用户年龄在29岁以下；本科学历用户占比达到56%	不同地域的用户偏好有所不同	★
	小鹅通	有知识付费、教育培训等SaaS服务需求的人群	相比知识付费形式的要求，用户更偏爱知识本身	★
综合类	视频号	几乎所有用户都有可能看到你的视频号直播	有社交关系或者在同一社群里的用户	★★★★

哪怕是一个人直播，为了明确直播过程中每个细节的执行以及工作要点，我建议你参考下面的表格（见表3-3），做好直播流程策划。

表3-3 直播整体进度表

序号	时间	环节	直播内容	预计耗时	负责人	跟进内容
1	17：30～18：00	引流	预热短视频	30分钟	运营人员	引流物料投放、开始时间、结束时间、引流效果等
2	18：00～18：10	开场预热	暖场互动	10分钟	主播、助理	开始时间、结束时间、暖场话术、用户反应等
3	18：10～18：30	活动"剧透"	"剧透"商品及优惠力度	20分钟	主播、助理	开始时间、结束时间、用户反应等
4	18：30～20：45	商品介绍	介绍商品，引导成交	135分钟	主播、助理	商品推介时间、推介话术、在线人数、用户评论、商品点击次数、成交金额等
5	20：45～21：00	下期预告	下期预告	15分钟	主播、助理	预告话术、用户反应等

除了对直播整体进度的策划，我们还需要做好直播节点安排表（见表3-4）和关键环节说明单（见表3-5）。

表3-4 直播节点安排表

直播环节	重要节点	时间要求
前期准备	预约直播时间，确认主题、商品及直播流程	提前5～7天
	制作直播宣传海报、预热短视频	提前3～5天
	开展直播活动前期的宣传推广，蓄积用户	提前3天
	准备直播道具、样品	提前1～3天
	准备及检查拍摄器材	提前1～3天
	确定直播人员	提前1～7天

直播环节	重要节点	时间要求
直播现场	直播人员到达直播现场	提前0.5～1小时
	布置场地，调整灯光，确认最佳拍摄效果	提前3～6小时
	检查网速，其他在场人员禁止使用Wi-Fi，改为使用移动数据流量	提前1～2小时
	现场人员分工及就位	提前0.5小时
直播进行时	各司其职，留意直播现场的状况，及时回答用户问题	2～4小时（依实际情况而定）
直播结束后	清点并整理道具、样品及直播间设备	直播后2小时内
	后台提取相关数据，以便分析及宣传	直播后2小时内
	直播复盘	直播后4小时内
	剪辑精彩直播视频，在自媒体平台上传视频	直播后24小时内
	进行图文宣传及视频宣传	直播后24小时内

直播的各个环节也需要明确开始时间和结束时间，防止某个环节的延期导致直播的整体延误。

表3-5 直播关键环节说明单

序号	时间	环节	说明
1	18：00～18：30	暖场	主播做自我介绍并介绍直播背景，讲解整场直播涉及的商品、福利，告知粉丝直播活动主题
2	18：30～19：00	引流商品介绍	主播做详细的商品介绍，可以在白板上写出活动的优惠价、折扣、数量等
3	19：00～20：00	重点商品介绍	介绍本场直播重点推介的商品和优惠活动，如下单的前三个用户送小礼品、购买参与抽奖等。主播可通过统一回复"××"、截屏抽奖等方式让用户积极参与
4	20：00～20：30	普通商品介绍	主播做详细的商品介绍，可以在白板上写出活动的优惠价、折扣、数量等
4	20：30～20：45	直播结束	主播告知用户直播结束，并强调品牌和自我调性；引导粉丝关注主播、加入粉丝群、加微信等，进行引流；最后预告下次直播的时间、内容、福利
5	20：45～21：00	清场	直播间清场，清点整理道具和样品等
6	21：00～22：00	复盘	总结此次直播遇到的问题，商讨并确定优化方法

3.3
打造主播"人设"，让用户更加喜欢你

3.3.1 什么是好的主播"人设"

主播是直播间的核心，用户对主播的认知和记忆决定了他们对直播间的评价。而有鲜明"人设"的主播，更容易被用户识别和铭记。作为主播，要想让用户快速记住并熟悉你，最有效的方法之一就是打造属于自己的"人设"。一个优秀的主播一定具有独特的人格魅力，人气高的主播往往在价值观、语言风格、专业知识等方面有独特之处，因而更能得到用户的喜爱和支持（见图3-2）。

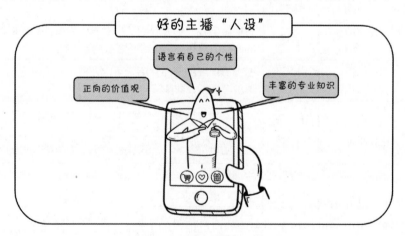

图 3-2 好的主播"人设"

1. 正向的价值观

主播在某种程度上可以被看作"公众人物"，一言一行都会被很多人看到，所以主播需要有正向的价值观。当主播对一些热点事件进行点评或对个人经历进行分享时，符合正向价值观的观点，相对于哗众取宠的偏激观点，更能展现主播的社会责任感，使用户产生好感。用户会更加相信，主播及其团队是有责任心的，他们会做出优质的直播内容，会推荐真正的好商品。

有些主播为了博眼球、吸引流量，会故意制造一些无聊的话题，谈一些偏激的观点当"噱头"，或者使用不当的言语来展示自己的"个性"。其实，很多观看直播的用户并不愿意看到这些内容，即使系统推荐了，也会将之标记为"不感兴趣"，或者直接向平台方举报该主播。

有一次，李佳琦正在直播，一个15岁的学生进入直播间留言，说自己很喜欢看李佳琦的直播。李佳琦看到留言后的反应是："15岁，你看我直播干什么""退出我的直播间""15岁不要在我直播间里买东西"。因为在他看来，15岁的人还是孩子，还没有形成自己的消费观。这个年龄的孩子看直播，很容易随大流，做出不当的消费行为。李佳琦也一再向所有自身经济实力不强的粉丝传递这样的消费观："你有多少钱，就过什么样的生活""不要盲目追求大牌""用平价的东西，不是可怜，也不是丢脸""口红涂在嘴巴上，你还是你自己，你要驾驭这支口红，而不是让口红驾驭你"……

粉丝们看到李佳琦"三观正"，相信他不会为了销售业绩而说违心的话、做违心的事，继而更觉得他"值得信赖"。

2. 语言有自己的个性

知乎上有一个话题："你印象最深的明星直播是哪一场？"有网友回复：撒贝宁的某场直播，看他的直播简直是一种享受。与普通的主播相比，撒贝宁在直播时，总是会用出人意料的幽默话语调侃一番，且能做到收放自如、用词得体、尺度得当，既能让大家开怀大笑，又不会冒犯到别人。

这也说明主播的个人魅力很多时候是通过有个人魅力的语言来传递的，即便是不苟言笑的主播，也可以通过模仿脱口秀节目或者娱乐节目中主持人的说话方式来提升自己的幽默感。

普通人可以通过模仿学习来培养自己语言的个性。首先，选择几个你喜欢的主播，把他们的直播过程录下来，然后拆解主播使用的全部语言素材；其次，反复观看直播，揣摩并理解主播的话语以及他搭配的动作和表情；最后，尝试在自己的直播间模仿给粉丝看，看看粉丝的反应，听取粉丝意见后迭代优化。

另外，主播平时要注意从网络和生活中收集丰富的素材，将其设计成属于自己的幽默"段子"，并以适合自己的风格讲述出来。这会让网友觉得你非常接地气，而且时代感很强，更愿意来你的直播间互动。

3．丰富的专业知识

一个好主播，一定拥有某个领域的丰富的专业知识，从而能够赢得直播间用户的信任。今天的用户并不完全是冲动型消费者，并不会完全听信主播的话语。他们会评估主播的专业度，也会判断主播是不是真的了解商品，以及商品对自己来说是否"有用"。

一个主播只有基于专业认知，向用户展示自己在特定领域的丰富阅历，对相关商品的充分了解，对行业市场的深入洞察，才可能真正得到直播间用户的信任。

例如，知名演员刘涛之所以能够创造诸多直播销售纪录，主要原因在于她对商品的充分了解以及专业且贴合现实的商品展示，而不仅仅是因为她是明星。刘涛在介绍一款小龙虾时，先是强调"新鲜""近期生产"，然后明确说明虾的重量和汤汁重量，最后告诉大家，吃完了虾，剩余的汤汁可以用来煮面。在介绍一款气泡冲牙器时，她先介绍了商品的组成部件，再介绍了商品的功能——可以直喷，也可以螺旋式出水，还一一讲解、示范使用了四个按钮不同的功能。直播过程中，刘涛总会对商品进行细致的讲解，从每一件商品的日常价、补贴价、直播间促销价，到商品本身的品牌、功能、特性，以及她对这款商品的使用体验。她的推荐理由往往条理清晰，让人信服。

可见，影响主播销售业绩的，并不只是主播的人气，更重要的是主播的专业度。

3.3.2 依据你的用户画像选择合适的"人设"

主播的"人设"可以分为四种类型，即专家型人设、知己型人设、榜样型人设、偶像型人设。

专家型人设，即在某一学科、行业或者某项技艺上有较高造诣的专业人士形象，有这种人设的人一般已经拥有某个领域或者多个领域的知识体系，能够有效解决领域内的各种问题，也能够通过写作、演讲等方式持续输出领域内的专业知识。专家型人设是凭借专业知识来获取信任的。一般情况下，金融服务、地产服务、职场服务、法律服务、创业服务、在线教育以及文化类商品的主播，需要树立专家型人设。

知己型人设，如女性用户的"女闺密"，男性用户的"好兄弟"。知己型人设的表现是，能站在用户角度，根据用户的需求提供好建议，"与用户站在一起"。因此，有着知己型人设的主播播出的许多内容都需要与用户群的兴趣保持一致或保持在同一水平。这类主播适合推介家居用品、生活用品、数码产品、食品等品类的商品。

榜样型人设，有着这种人设的主播在某个或者某些方面能力突出，堪称榜样，也被称作"达人"。例如，有的人情商高，与人交往热情、主动、言行得体，处理人际关系游刃有余，这类人可以为自己策划"社交达人"或者"高情商"的榜样型人设。这类主播适合推荐美妆、服饰、运动用品、科技产品、娱乐服务、生活服务、旅行服务等品类的商品和服务。

偶像型人设，指拥有比较突出的外在形象和才艺特长，镜头下的表现谦和而优雅的"人设"。有着偶像型人设的主播适合推广跟潮流相关的品类，如美妆、服饰、影音、运动用品、旅行服务等品类的商品和服务。

选择"人设"类型时，主播可以根据直播间销售商品的主要品类或者直播间主要用户的消费偏好，策划合适的"人设"；也可以根据主播个人的特点，如年龄、形象风格、语言风格等特点，策划合适的"人设"。

（1）年龄。主播的真实年龄和镜头下的年龄分别是怎样的？每个"人设"类型都有其适合的年龄。例如，如果主播只有20岁，那么将其"人设"策划为偶像、知己型，会比专家型合适。能够给予用户专业意见的行业专家，需要有丰富的从业经验，需要有精彩的履历，同样打造专家型人设，40岁的主播显然会比20岁的主播更容易获得信任。

（2）形象风格。主播平时的个人形象是"邻家哥哥姐姐"型的，还是"时尚精致"型的？偏爱日常装扮的主播，如果为自己策划榜样型或者偶像型人设，可能缺乏说服力；但若是策划知己型人设，可能会更有亲和力。从另一个角度说，主播若是需要策划为偶像型人设，就需要塑造出时尚精致的外在形象。

（3）语言风格。主播在沟通问题、解决问题时，更常用情感说服方式还是理性思考后的逻辑说服方式？情感说服可能更符合知己型人设，逻辑说服可能更符合专家型、榜样型人设。

除此以外，主播还可以根据自己对一些生活问题的看法来丰富主播的"人设"形象。例如，主播如何看待婚恋关系，有哪些爱好，喜欢结交什么样的朋友，他的朋友是怎么描述他的……通过回答这些问题，主播可以让自己的"人设"更加立体。

最后，再补充一种情况：如果是在短视频平台做直播，直播是在短视频账号已经聚集了一批粉丝后才开通的，而且直播主播就是短视频的出镜人员，那么，直播主播的"人设"需要与短视频内相应角色的形象保持一致。如果直播主播的风格与短视频包装的形象有很大、很明显的差别，那么通过短视频积累的粉丝可能会感到失望，不愿意观看直播，直播的营销效果也就无从谈起了。

3.3.3 为"人设"添加个性化元素

打造"人设"，仅仅有专业度是不够的，还需要设计一些独一无二的属性，即挖掘主播的独特之处。

1. 提炼"闪光点"或"自黑"的"梗"

提炼"闪光点"，即挖掘主播个人的核心优势，具体可以从主播的外表、性格、特长等方面入手，也可以从学习历程、工作经验、生活经历、独特技能、个人荣誉等方面来寻找主播与其他主播的不同之处。不管从哪里找，关键是要找到一个能够让人记住的闪光点。

如果实在没有闪光点，可以找大家觉得幽默的"梗"，比如，我经常在直播间调侃自己的"塑料普通话"，这反而成为大家互动时常用的一个"梗"。当然，作为一个中年大叔，我低低的发际线也可以成为直播时的一个闪光点。

2. 添加"反差"属性

确定闪光点后，可以依据闪光点再添加一个"反差"属性。在不违背主流观念的情况下，为主播的独特之处添加一个反差较大的属性，有助于提高"人设"的独特性和易记性。

抖音红人"丽江石榴哥"最初的"人设"是"在集市卖石榴的朴实小摊贩"，长相憨厚老实，言语真诚，语速不快。那时，很多人关注他是出于同情和鼓励。后来，用户在他的直播中看到，石榴哥能用流利的英语与外国人交流，进一步了解后，才知道他是一位"白天教书，晚上摆摊"的英语老师，心生钦佩。接着，网友发现，石榴哥不仅会说英语，还会说日语、纳西语、白族语、粤语等多种语言。于是，"朴实小摊贩"的"人设"就被加上了与最初印象有极大反差的"才华"标签。

这种"朴实的外表"与"丰富的内在"的反差，给人一种"被褐怀玉""大智若愚"的感觉，比较讨喜，因而再次成功吸引了用户的注意力，提高了用户的讨论度和关注度。

3．设计有辨识度的言行举止

很多主播会主动策划和设计一些有辨识度的行为和语言，以打造其独具个性的"人设"。包括给自己的直播间粉丝设计一个共同的身份标签，比如李宇春的粉丝自称"玉米"。

例如，李佳琦个人品牌的独特元素是他的口头禅。李佳琦的直播间凭借他的"OMG，买它"登上微博热搜第一名，成功"出圈"，被大众熟知。直播时，只要李佳琦喊"所有女生"，直播间的粉丝就会立马坐直，集中注意力，争分夺秒准备抢购，这句话也被用户称为让淘宝女孩疯狂买单的"号召令"。

4．为主播策划一系列个人品牌故事

主播的个人品牌故事需要包含三个方面：个人成长的故事、得到用户肯定的故事、直播团队的趣事。

个人成长故事不是简单地宣传主播个人的事业做得有多好，而是告诉大家主播个人的曲折经历，让大家对主播的经历产生共鸣，进而对主播个人产生认同感，愿意主动去了解主播所做的事情。

得到用户肯定的故事是要告诉大家，主播和直播团队依据什么原则坚持做了哪些事，过程中克服了哪些困难，才得到了用户的肯定。这样的故事也是在告诉大家，直播团队信奉什么样的价值观，在用何种方式为这个世界创造价值。讲这样的故事，需要有撩拨大家情感的能力。因此，策划这样的故事不是简单地描述真实的经历，而是要在真实经历的基础上加入能够感动自己、撩拨自己情绪的"行动意义"，从而让故事先打动自己，再打动他人。

直播团队的趣事即团队成员日常工作中的趣事。日常趣事不同于个人成长故事和得到用户肯定的故事，它是轻松的、幽默的，是能够引人发笑的。这样的故事，对故事的主人公来说可能是"小尴尬""小错误""不完美"，但能让用户感觉到团队成员的真实和可爱。

主播也可以在直播间讲故事，从自己的角度讲自己听到或看到的热点事件或故事，并加入自己的观点，引起用户的情感共鸣。

5．给主播设计有传播性的金句

"优秀的公司赚取利润，伟大的公司赢得人心。"

"我们奋斗不是为了上市，我们上市是为了更好地奋斗。"

"1000亿对小米来说只是一个60分的小目标。"

"天下武功，唯快不破。互联网竞争的利器就是快。"

这些都是雷军的金句，同时也是雷军个人品牌的传播载体。金句有三个典型的特征：一是强情感冲击，刺激人心；二是强记忆性，简单好记；三是强传播性，自带流量。

想打造个人品牌的人，更需要提炼出自己的核心金句。举个例子，我谈个人品牌的金句就是"超级个人品牌就是超级流量池"。

3.4
直播没有"翻过车"，不可能成为好主播

3.4.1 丰富的经验都是被各种意外折腾出来的

直播间是一个实时互动的地方，主播需要看大家的弹幕评论来与大家互动。如果在评论区看到了一些负面评论，主播肯定会很"心塞"。

不同情况下的负面评论其实会有所区别，我们需要有相应的应对措施。

（1）直播环节衔接不流畅，多次卡顿、掉线、无声、音画不同步，或者直播没有按时举行，节奏拖沓，导致用户不满。我们难免会在直播中遇到这些情况，用户有负面情绪是正常的，我们只能尽力安抚。

（2）用户不认可我们直播时分享的内容或观点。这种用户未必是错的，很可能他们真的发现了我们言论之中的逻辑问题，这时我们就应该大度承认自己的问题，感谢这样的优质用户帮助我们成长。这样的用户若能成为我们的"铁粉"，绝对是我们的福气。负面评论也许是真实的声音，会让我们有意外的收

获，毕竟赞美声听多了会膨胀，真实的差评更能帮助我们成长。

（3）用户在直播活动中表现积极、预期很高，但是最后没有抢到福利、领到奖品，所以心生不满。对于这些用户，我们也要区别对待。有的用户是"铁粉"，和我们关系很好，也经常购买、支持，我们完全可以第一时间和他们私信沟通，提供合理的解决方案。还有的用户是新用户，第一次参加抽奖，怀疑我们内定了获奖人选，这就需要我们发动老"铁粉"主动站出来，告诉大家我们办抽奖活动的诚意，避免直播间气氛被扰乱。

（4）竞争对手潜伏在我们的直播间，时不时"冒泡"说怪话，甚至悄悄打广告、加人、导流。有些竞品销售商缺乏商业底线，带着一帮人在直播间开喷、抹黑，扰乱直播间的带货气氛，很没有职业道德。这种情况下，一旦怀疑对方是竞品销售商，马上在直播间内禁言他，再将他移出。

（5）购买了你推荐的产品和服务，但是不满意的用户，来到直播间投诉。这样做其实是消费者的权利，他们有权找商家反映情况、解决问题。我们只能多安排客服进行安抚，减少负面投诉带来的流量损失。这也说明我们选择靠谱的产品是多么重要。

（6）逛进直播间的路人，不知道什么原因，就是要攻击主播的"颜值"、声音、专业度或者商品等。这种"黑粉"，或者叫"喷子"，我们如果能马上禁止其发言，就要第一时间处理。

这种"黑粉"一般也有两种类型。一种是无聊无脑型，喜欢逮谁喷谁：主播长得太漂亮，喷；主播讲的内容我不喜欢，喷；主播状态不好，喷。我们不要和这种人过多地理论，及时禁止他们评论，删除他们的评论即可。

另一种是嫉妒主播的人。这种人因为嫉妒主播的外貌、人气、收入而说话带刺，语气刻薄，会揪着主播的小毛病不放，大加讽刺。对于这种人，我们可以先无视，如果对方纠缠不放，影响了直播间的观感，我们就及时禁止其评论。

其实直播做多了，一定会遇到各种"翻车"事故，我的团队就遇到过直播时声音太小、画面卡顿、PPT卡顿、PPT看不清、中途掉线、被平台下线、商品链接没有挂或者挂错了、嘉宾迟到等意外，但是"翻车"时我们表现镇定，借着"翻车"自然地聊到其他的话题，甚至让大家发现不了直播间出现了"翻车"事故，这才是本事。

从来没有遇到过"黑粉"的人，肯定很少直播，要么就是还不够红，人红是非多，高人气主播的直播间里天天有人阴阳怪气地讲话。有"黑粉"，就说明你真的红了，否则别人攻击你都没有成就感。我们根本不需要关心别人为什么要"黑"你，这样是为不值得的人浪费力气，我们只需要思考既然这样的事情不能避免，那么如何做才能减少损失。

3.4.2　别怕"黑粉"，请接受直播间的考验

1."黑粉"考验的是主播的情商，不表现出生气是第一道防线

在直播间，你大概率会遇到一些心理阴暗的人，他们喜欢"喷"别人、"黑"别人，以此为乐。这些人内心负能量爆棚，心理极度不平衡，对于任何事情，他们都看不到积极的一面，总是不问事实、不讲根据就直接指责、谩骂。

很多主播被这样的人喷了，第一个念头就是怀疑自己，比如有人说："你长这么难看还来直播？"很多主播看了很生气，但内心真的会想"是不是我真的很丑啊"，马上气场就弱下去了。

主播气场一弱，有些"黑粉"就会很得意，会一直"喷"主播，恨不得马上看到主播受伤下播或出现愤怒的表情。

有些没有底线的"喷子"是非常懂得如何找别人弱点的，下次他一定还会用这个点来刺激，让你生气、失态，让直播间的观众看你出丑。遇到这样的"喷子"，你反而一定要呈现出最好的状态，安安心心继续直播，好像根本没有看到这些负面评论一样。

2.让你的"老粉"站出来讲话

在直播间不像在微博评论区，可以无视评论，在直播间，如果有"黑粉"一直在刷屏，肯定很影响直播间的互动氛围。

我普通话不好，在直播间经常被人攻击是"大舌头"，各种指责。在这种情况下，我自己辩解其实并不合适，因为这是我的弱点。但每次我的"铁粉"都会站出来为我讲话，说"我们听大叔讲课是因为他有干货、有内容，你们不要来捣蛋，影响我们听课"，直播间的秩序从而得到了维护。

相信直播间绝大多数的观众都会理解主播，如果有人喋喋不休地一直"喷"你，没关系，肯定会有另外一批见义勇为的"铁粉"为你伸张正义，你只需要感谢这些理解和支持你的"铁粉"，无视那些"黑"你的人。

3. 用幽默和个性让大家忘记"黑粉"，记住你

"'黑粉'说话那么难听，难道我就什么都不做，等着被骂吗？"有的主播不想做"受气包"，直接"怼黑粉"，也有些主播将"怼黑粉"视为自己有个性的依据。

但经常"怼黑粉"不应该是一个明智主播的第一选择。在直播间"怼"来"怼"去，把直播间搞得乌烟瘴气，反而会让其他观众觉得"我今晚是来错直播间了，还是直接走人比较好"。

你可以用以下方法应对"黑粉"的攻击。

（1）你可以用幽默去反击。越是生气，就越要用微笑状态去反击。比如有人说"你长得这么丑为什么来直播"，你可以自嘲说："刚刚有人说我长得丑，所以人丑就要多读书。为了今天晚上的直播，我特意读了几本好书，待会儿分享给大家啊！"

这样既能转移直播间评论区的话题，又让人感觉你是个幽默大度的主播，观众会觉得你这个人不错，是别人素质低。

（2）你可以主动"自黑"。自己"黑"自己，让"黑粉"无处可"黑"。敢于"自黑"的人不怕来自他人的恶意抹黑。

每个人都是不完美的，就算你做得再好，也会有人对你指指点点，说你的不是。"自黑"从某种程度上来说，更是一种营销手段，这种手段不仅提升了曝光度，也塑造了一个亲切、幽默的自我形象。我直播时经常主动吐槽自己的普通话，大家现在反而渐渐觉得我的普通话是一个特色。

主播们可以尝试一下"自黑"这条路，比如当你想"回怼"别人的时候，先"自黑"一句："我这个人吧，就是说话特别直，特别没有心眼，总是得罪人，大家就听我这么一说啊，千万别往心里去啊。"

（3）你可以展示自己高姿态的一面。如果遇到"黑粉"，你可以主动说："刚刚看到评论区有些人说的话，我很想反击，后来一想，网上那些又有人气又聪明的'网红'们，估计都看过一本书，叫《了不起的盖茨比》，这本书开头写了一句话，特别有道理——'每当你觉得想要批评什么人的时候，你切要记着，这个世界上的人并非都具备你禀有的条件'。我觉得我有啥条件呢？就是有人在直播间'怼'我的时候，还有你们这些'老铁'支持我，所以今天晚上我更要为大家好好直播啦。"

（4）你可以偶尔批评过分的"黑粉"。偶尔遇到过分的"黑粉"时，该反击就反击，不用客气。但是反击时一定要注意对事不对人，别人搞人身攻击，你也搞人身攻击，就没有差别了。你应该引导直播间的观众思考，什么是对的行

为，什么是好的行为，什么是善的行为。

我们不是反击某一个人，而是让大家意识到如果我们不和某种负面风气做斗争，我们就会成为它的帮凶。这种立场鲜明的表态往往能使直播间的观众产生共鸣，提高你的人气。

3.5
如何在别人的直播间里优雅地"刷脸"

想使你的直播间人气更旺，你也要经常去逛别人的直播间，特别是人气更高的直播间。我把这个过程叫作"刷脸"。关于"刷脸"，我有五个建议。

建议一：链接牛人，申请和牛人连麦直播

十点读书创始人十点林少每周都邀请一个大咖和自己连麦直播。这是一种非常聪明的"打法"，一是能借助自己的直播间给大咖带来新流量，二是能让自己的一些粉丝看到自己的几个偶像同台直播，三是可以为自己的直播间带来新粉丝。这是非常好的"刷脸"涨粉的方法。

如果我们有直播的习惯，完全可以定期约牛人连麦，给自己的直播间带来光环。

当然，如果大家能在一个直播间面对面直播，效果会更好。

强强联手当然好，但是不一定所有的人都有机会跟大咖连麦，那怎么办？可以跟粉丝连麦啊，为粉丝答疑，让粉丝说出自己的经历，还可以激励大家在直播间跟你积极互动。

建议二：去牛人直播间，连续刷大礼物

在牛人直播的时候，如果你连续在直播间刷礼物，那么你会出现在直播间的人气榜单上。如果你刷的礼物足够多，写的评论足够精彩，你会保持在榜单第一的位置，然后很多人就会关注到你。如果牛人因为你刷礼物而和你互动，还可能会给你带来更多关注。

就算没有通过刷礼物让牛人和你互动，起码也让牛人记住了你，你就多了被链接的机会。

如果别人经常在视频号里刷到你，会在潜意识里加深对你的印象，"这个人我见过，但不记得在哪里见过"，然后下次刷到你视频号的时候，就更有可能关注你。

实际上，没有那么多牛人在直播，你每天可以看看都有哪些好朋友在直播，看到朋友直播，就马上进入直播间送礼物，然后评论上榜。这样一来，直播间的人都能看到你，你的名字就得到了曝光。另外，如果你刷到榜一，大家点你头像就能直接进入你的视频号，涨粉指日可待。

如果你和主播认识，你们在直播间里聊了几句，这也许可以为你的账号带来新的流量。这也是直播间"刷榜"涨粉的一种常用的方法。

当然，这种"打榜"的做法需要真金白银的投入。

建议三：主动去热度最高的直播间"刷"大礼物

有的平台会推荐一些高热度的直播间，这也是一个"刷榜"曝光的机会。

当年罗永浩在抖音首播，有两个人在他的直播间一晚上花了40万元"刷"礼物榜，当天他直接涨了20万粉，就是这个"打法"。

我们跑到别人直播间"刷"火箭、"刷"评论、"刷"热度、"刷"滚屏、"刷"人气，看起来是费钱，但也是为了自己做好直播打基础。

但是这种在直播间"刷榜"的行为存在三个风险：第一是竞争对手多，"刷榜"费用高；第二是不熟悉别人地盘的规则，可能会被人当作蹭流量的而被踢出去；第三是若没有考虑直播间和你个人定位的匹配性，靠"刷榜"吸引来的粉丝留不住。

建议四：主动去"铁粉"的直播间，给"铁粉""刷"大礼物

如果你的"铁粉"也做直播，你可以悄悄进入他的直播间，"刷"一个大礼物，也不一定要"刷"那种特效能够定格在屏幕上的礼物，只要有明显特效即可。这样能让"铁粉"足够惊喜，帮他涨一下人气，也能顺便赢得"铁粉"对你的支持。

这就好比当年微信公众号刚刚兴起时，大家给彼此的文章打赏，今天你给我打赏，明天我给你打赏，人气就在圈子里流动起来了。

建议五：赞助一些产品给别人的直播间，间接曝光

赞助一些产品给别人的直播间，供其搞活动时抽奖用，也是一种"刷脸"的方式。我认为最好的产品就是自己的图书。

在直播间，你的书作为奖品出现，等于做了推广曝光，封面、标题、作者都会得到口头宣传，比简单地在微信公众号、微博推荐的传播力度大多了。

另外，图书成本相对不高、可控，还可以帮助你与读者产生一定的连接，真的非常适合知识赛道的个人品牌打造者。

写作力：用写作构建可持续的流量池

自媒体时代，会写作的人能得到人们更多的注意。写作是赋能个人品牌最有效的武器之一，可以说成功打造个人品牌的人，都需要写作能力，或者需要会写作的人来帮助。

写作可以帮你更好地梳理自己的积累，通过输出自己的观点吸引"同频"的人，这就让用新媒体平台上的"优质内容"争取粉丝成为可能。坚持输出高质量的内容，就能够持续吸引新的粉丝，这就构建了一个可持续运营的流量池。

如何用写作实现复利，如何做到持续高质量输出，如何选择适合自己的写作平台，如何保护自己的知识产权，如何更好地用写作变现，这些就是本章要探讨的问题。

4.1
坚持写作，让你的写作内容复利1万次

4.1.1 写作是低成本的个人品牌打造方式

有人说，写作是这个时代最好的自我投资。我个人觉得，不管是打造个人品牌，还是完成职场工作，我们都离不开写作技能，所以抓住机会提升自己的写作技能是一笔非常好的投资。

从打造个人品牌的角度看，写作的确是成本最低，潜在影响力价值最大的方法。

写作只需要一个人有思想，有行动力，坐下来开始写。它不像演讲，需要投入巨大的线下成本；不像拍视频，需要多个人配合；不像做直播，只是做好环境准备都需要花时间、精力。你可以蓬头垢面在家里写，没有人会知道，大家只关心你的内容好不好。

如果我们不仅能写，还能结合社会热点话题提出自己新鲜又深刻的观点，把热点话题和自己的专业相结合，还很有可能创作出"10万+爆文"。高水平的"爆文"可以给自己带来打赏收入和粉丝，提升个人品牌影响力。在这个时代，只要你有好的观点，能写出好的内容，那么你就有可能成就自己的个人品牌，被全世界看到。

今天，关于写作的自媒体平台遍地开花，你的写作能力越强，写出的东西越打动人，吸引的人越多，你变现的能力就越强。写作已经成了一门热门的"手艺"，公众号内容做得好的人能拥有百万粉丝，朋友圈文案做得好的人能月入5万元以上，图书写得好的人能链接过去不能想象的大平台……

我的朋友杨小米本来是一名销售，开通了自己的微信公众号"遇见小mi"。她的文章写得接地气、有亲和力，粉丝数量增长得越来越快，她还出版了一本书《行动变现》，卖得非常好。现在杨小米不但拥有很好的个人品牌影响力，有一帮"铁粉"，还从一个公众号做到了公众号矩阵，打通了线上训练营、广告、电商运营的闭环，让个人品牌的商业价值得到了最大化开发。

这样的案例在自媒体时代非常多，有做公众号的，有写头条的，有出书的，很多人都依靠写作能力改变了人生轨迹，打造了自己的个人品牌。

40多岁的徐沪生带着6人的团队，3年里把公众号"一条"做到了32亿的估值；

"90后"公众号写作者"粥左罗"，靠写作一路逆袭，打造拥有百万粉丝的知名公众号；

辽宁一对夫妻辞职后去旅游，途中开始写游记，一年赚取近百万元广告费；

"最会写职场的金融大叔"Spenser，拥有百万公众号粉丝，出版畅销书《优秀的人，都敢对自己下狠手》；

《时尚芭莎》人物访谈主笔小川叔，出版《穷忙，是你不懂得梳理人生》等多部畅销书，累计销量破百万……

在内容创业者纷纷崛起的时代，我们都见证了无数自媒体人用写作创造的无数奇迹。会写作的人每天都在通过互联网媒体给自己积累社交货币。

4.1.2　写作的复利变现价值高

对每一个想打造个人品牌的人来说，写作一开始并不是冲着扩大个人影响力，带来直接经济利益去的，写作本身就是一件复利变现价值很高的事情（见图4-1）。

一个人养成了写作的习惯，他的很多职业习惯也会有所改变。

图 4-1　写作的复利变现价值高

1．通过写作培养深度思考的能力

写作不仅是梳理外部输入的一个吸收的过程，还是一个创造的过程。写作能倒逼一个人静下心来审视自己的观点，评估自己的逻辑，看见自己的内心，这是一个能让人摆脱肤浅、走向深刻的机会。

当你开始写作时，你观察事物的维度会更多元，你对生活的体验会更细腻。经常写作确实能帮助大脑中的知识沉淀下来，引发更多思考，让你对世界的认知更深入、更全面，由点状变为网状。

你对世界的认知越深入，你就越能摆脱肤浅。当你变得深刻时，你才具有吸引人追随的内在力量，你的个人品牌就不是建立在仅仅通过宣传得到的浮沙地基上。

2．通过写作培养快速输出的能力

打造个人品牌需要经常输出，坚持写作可以提高一个人的输出能力。看一本书，看一部电影，你只是选择了放松，或者被动吸收。但如果我们养成写书评、写影评的习惯，我们就是主动吸收，主动和作者、导演进行交流，你的书评或影评不但会让你变得深刻，而且能带来更高级的交流的快乐。将这些内容分享出去，还可以吸引"同频"的人和你交流，带来新的"出圈"机会。

有句老话说"好记性不如烂笔头"，随时把重要的事情记录下来，回头梳理成文并分享，是一个好办法。从这个意义上讲，写作有"把时间留住"的意义。我经常有这样的体验：如果不趁着当时感觉特别好，马上将一件事情记录下来发微博、发朋友圈，那么过段时间再想写，就一点写的兴致都没有了，而且也想不起当时的场景和感受了。

养成写作的习惯，而且是快速输出、快速写作的习惯，才能让我们的写作能力帮助我们"把时间留住"，同时快速打造个人影响力。

3. 写作可以带来"睡后"收入，复利变现

当你让自己的思考形成文字并将它们写成高质量的文章之后，可以通过多种渠道进行广泛传播，比如出书、运营公众号等。出书可以赚稿费，公众号可以赚打赏收入，吸引粉丝购买你的更多产品和服务，这些都是"睡后"收入。

普通人赚钱，只能依赖工资收入，不工作就没有收入。会写作的人不一样，高质量的写作可以让自己的一份劳动成果不断被扩散、被复制，让更多的人看见，带来更多的收入，这就是在享受复利。

这就相当于通过写作，把自己的思考变成文字作品，并以文章、短视频脚本、PPT文案、电子书、纸质图书、影视剧本等形式，将自己的作品复制很多份，不断重复销售和口头传播。这样一来，你不需要天天工作，就可以享受自己创作的好作品带来的长期收益，这就是高质量写作的复利效应。

针对同一个大主题，你文章写得越多，积累、梳理、输出得越多，就越能够把这个领域内的知识体系化，形成一张环环相扣、点与点彼此连接的网络，我把这个过程称为"框架式写作"。有了这个知识框架，你以后写文章就能信手拈来。一旦大家认可你的知识体系，你在这个领域就有了自己的个人品牌，这就是你的"资产"。

把"出卖时间"的打工方式，转变为"积累资产"的个人品牌打造思维，是一个人职业生涯中极其重要的思维转变。

4.2
保持高质量输出的四个
关键词

写作的确是极好的一件事情，然而，真正能将这件事做好的人却并不多。

很多人认识到了写作的价值，也开始输出，但很快发现了一个问题：自己写

的文章没有什么阅读量，写了一阵子，自己就泄气了，原先的写作计划也就不了了之。这说明什么？关键不是开始写，而是一开始就达到合格的质量水平，这样的文章分享出去才对读者有价值，才能带来个人品牌的沉淀。

大部分人在写作的过程中都会遇到下面这些问题：

往往充满激情地开始，不久却偃旗息鼓，要么是因为无法坚持，要么是越写越觉得灵感枯竭；

明明花费了大量的时间和精力，写出来的文章却不尽如如人意；

写作已经有一段时间，创作的作品也不少，但看的人却不多，"吸粉"能力也很弱……

理想很丰满，现实却很骨感，坚持写作绝非易事，持续高质量的输出更是难上加难。关于内容创作者如何持续高质量输出，我有四个关键词建议（见图4-2）。

图 4-2　持续高质量输出的四个关键词

4.2.1　敏锐

坚持高质量写作的人也许有许多不同的特质，但他们一定有一个共有的特质：敏锐。

好的写作者和一般的写作者究竟有哪些区别？

不是文风、文笔，也不是思想，而是敏锐度。敏锐度考验了写作者两方面的能力：一是是否具有抓热点、抓话题并从热点和话题中找到写作灵感和写作思路的能力；二是能否快速反应，抢"头条"，抢"独家"，迅速在合适的自媒体平台上把文章发布出去。从某种角度上说，这和媒体记者抢头条其实是一样的道理。

一个大事件可能会引起很多人的关注，普通的写作者也会关注，但不会产生太多感慨；稍好一点的写作者可能会嗅到"大事件"里蕴藏的写作话题和写作内容，但反应较慢，等他们就"大事件"发表完自己的看法后，要么"大事件"的热度已经降下来了，要么自媒体平台上相关的文章已经铺天盖地了。优秀的写作者是那些反应迅速，能够快速抓住"大事件"真正的本质和核心，并根据要点层层解剥，写出新颖抓人的文章，并第一时间发表的人。

总之，对于内容创作者而言，偶尔写出一篇"10万+爆文"并非难事，难就难在能够持续输出"10万+爆文"。要做到这一点，写作者必须具备敏锐的嗅觉和"该出手时就出手"的果敢。

如果你现在还不够敏锐，请你务必每天关注自己所在领域的热点榜单，还有"爆文"榜单，千万不要埋头就开始写，而是先看高手每天都是怎样写的！

4.2.2 积累

许多人写作时总是抱怨没素材、没灵感。事实上，生活在这个信息化社会，真正的问题是可以写的素材"爆炸"，与其说你缺的是写作的素材和灵感，不如说你缺少的是对素材的捕捉和积累。

正如畅销书《写出我心》的作者娜塔莉·戈德堡（Natalie Goldberg）曾说过的那样："写作犹如给花儿堆肥，平时就要多收集素材、金句、经典的结构。"

一个擅长写作的人，一定是善于积累之人。许多时候，你往往只看到了别人轻轻松松写出了一篇阅读量10万+的文章，却没有看见别人比你多读的唐诗、宋词和多看的小说、专业书籍……这些积累都会慢慢沉淀到他的写作之中。总之，想要保持稳定的优质输出，阅读大量高质量的内容，不断积累知识必不可少。

写作，一要进行知识的积累。这里的知识主要包含专业知识、写作技巧、新媒体"网感"。二要进行素材的积累。很多写作者会建立素材库，分门别类地把自己平时看到的、想到的、学到的东西记录下来，长此以往，灵感枯竭的时候，翻翻自己的素材库，灵感就来了。

我们建议大家围绕自己写作的定位，建立以下五个方面的素材库。

（1）标题库。新媒体标题套路性非常强，把看到的好标题分类保存，缺乏灵感时就可以模仿和套用。看标题时要多问自己："为什么这个标题好？它使用了什么技巧？我能否从中提炼出起标题的公式供我套用？"

（2）选题库。选题是做内容最重要的环节。建好选题库可以避免我们陷入选题焦虑。新媒体写作其实有一定的规律可循，一年四季大家都关心哪些热点话题其实可以依据时间线进行大致的预判。我们可以依据这些时间线，把不同账号的相关爆款选题分类归档，变成我们自己的选题库。

（3）转载库。我们不需要每一篇文章都自己写，我们完全可以分享高质量的好文章给读者。所以我们需要向一些优质账户申请开"白名单"，建立转载合作关系。我们平时"刷"公众号或朋友圈时看到优质文章，就要主动联系，请求对方允许转载，不断地丰富转载文章的内容。

（4）素材库。看到和自己想写的选题相关的素材内容，不管是好的叙述、金句、案例，还是照片、视频，都要及时整理归纳，分类存储。这样才能在自己写相关主题文章时快速调用，提高写作速度。

（5）灵感库。我们还应该养成随时记录自己的灵感、想法的习惯，重点是随时随地马上记录，这样才能避免对灵感的浪费。记录灵感的最好工具就是手机便签或者手机语音录制。我们要用最快的速度将这些稍纵即逝的灵感保存下来，并在不忙的时候及时对它们进行结构化的整理，输出备用。

4.2.3 套路

这个世界上没有人是天生的"笔杆子"，一些人之所以能写得又快又好，稳定、持续输出，不过是因为掌握了写作的套路，学会了写作的方法。要知道，世界上大部分的专业问题，都有专门的解决方法和解决套路，写作也不例外。

情感文的写作套路一般是从一个吸引人的故事开头开始，中间加入一些直戳读者内心情感的金句，关键在于故事情节能引发读者的共鸣，激发情绪。

干货文的写作套路一般是开头就告诉读者本文能解决什么问题，然后搭建一个读者熟悉的场景，分析原因并提供解决方案，最后总结升华。

热点评论文的写作套路一般是开头引入热点，切入点新颖，观点独到，文章中多用金句，各种相关的八卦、典故，做到案例丰富，论证精彩，帮认同你观点的读者释放情绪。

如果我们经常要写作，就需要把文体类型化，像拍电影一样拍类型片，整个拍摄过程流程化，尽量用好的模板去完成工作。

我总结过一个写鸡汤文的套路公式：

鸡汤文=抓人标题+导入型故事+提出论点+印证型故事+金句强化+反面型故事+金句总结+拔高型故事+金句升华

虽然这个套路有简化写作的嫌疑，但按照这个逻辑写鸡汤文，写出合格文章的概率更大。当然，写作的套路很多，我们也需要积累不同的套路，丰富自己的写作技巧。还有一点，不要觉得自己按套路写作就很初级，把初级的技能练到极致，一样能高效解决问题。

我们的写作质量不高，往往不是因为我们使用了太多套路，而是我们知道的套路太少，很少花时间研究别人文章的套路，总是想自己"憋一个大招"，想任性脱离成功的套路，按自己的想法去写文章。其实我们先用好套路，再自由发挥，反而能少走很多弯路。

4.2.4 坚持

保持高质量输出的第四个关键词是"坚持"。写作本身就是一项技能的修炼，三天打鱼两天晒网注定成不了气候。从默默无闻到行业大牛，可能不用熬1万小时的练习，但绝对少不了日积月累的坚持。

坚持写作也能增加自己与世界接触的可能性。怎么理解这句话？只要你坚持写作，你就必须对一切新事物保持好奇心，不断去思考：它会带来什么？它意味着什么？它能够和我或者我的读者产生什么样的联系？这样你才能写出不同话题的文章。

你写的话题越多，意味着你接触到的"信息"就越多。通过写作，你能够把它们连接起来，构成一张网，并从连接之中发掘创新点和突破点。坚持写作就是一个锻炼自己的写作"手感"，建立对不同平台生态的"网感"的过程。

如果你真的想坚持高质量输出，我过去的七个做法供你参考。

（1）先围绕一个主题规划写作目录，然后写连载文章。如果文章受到欢迎，也为写书做了积累。

（2）成立一个写作监督群，请大家监督你每天的产出。一旦没有完成当天的产出计划，就要给大家发红包；如果写完了，就将当天所写的内容发到群里，请大家来反馈，激励自己写更多内容。

（3）给自己设置每天完成一篇文章后的一个奖励。比如要求自己完成写作后才能去做自己喜欢的事情。

（4）先在小平台发布你的作品。比如先从每天写一条朋友圈开始坚持。

（5）将特别优秀的文章投稿给大平台，争取发表。当你的文章被更多人看到时，你会有成就感和继续坚持的动力。

（6）加入一个写作圈子，和一群人一起写作，使自己身处坚持的氛围。坚持一段时间后，养成写作的习惯。

（7）一开始只承诺自己坚持写七天，先完成这个小目标就很好。

4.3
选适合你的写作平台

4.3.1 有哪些适合写作的平台

"自媒体时代，人人都是自媒体"，这是许多人说得最多的一句话。自媒体如今已经成了个人输出观点、提供个人价值、打造个人影响力最好的媒介之一。不过，在选择走自媒体这条路之前，你一定要先考察自媒体的情况，找到适合自己的自媒体平台，如此这般，才能做到既发挥自己的优势，又赚得收益。

不同的自媒体写作平台有不同的定位、不同的用户群体、不同的推荐机制和不同的回报机制。在写作的过程中，你需要充分了解各个平台，根据平台特点来确定你的写作风格和写作套路。想通过写作打造个人品牌，扩大自己的专业影响力，你一定要花足够的时间了解主流的自媒体写作平台，并结合自身的实际情况为自己选择合适的写作平台。

归纳起来，目前最主流的自媒体写作平台主要有以下八类。

1. 微信公众号

优点：门槛低；长期回报好

缺点：平台封闭，粉丝量决定阅读量；红利期基本已经过去，涨粉难

推荐指数：★★★★★

公众号是大众最熟知的自媒体写作平台之一，其准入门槛较低，变现渠道较多，创作收益也较高。仅从文章角度，公众号目前提供了文章打赏（适合"铁粉"打赏）、流量主广告（适合"爆文"）、付费阅读（适合高质量专题写作）、文章"带货"（适合插入合适的小商品推荐赚佣金）等收益途径。

获得这些收益不需要文章作者开店，也不需要通过复杂的资质审查，只要你文章写得好，有流量，就有收益，如果流量大，你的收益足以养活自己。

不过，随着开设公众号的人越来越多，涨粉也变得越来越难，公众号的阅读量还和文章的打开率越来越相关，打开率高的公众号会得到更多算法推荐，打开率低的公众号甚至不会被推荐给订阅者。

作为一个封闭的写作空间，公众号最大的特点是它完全属于作者自己，像他的一方"园地"，平台算法对其影响相对最小。如果你真的有志于长期写作，建议早一点开通公众号，先在公众号更新文章，再同步到其他平台。

需要提醒的是，新开的公众号想使用留言功能，需要专门申请，申请难度比较高，这不利于粉丝互动。

2. 豆瓣

优点：发展成熟

缺点：对新人不够友好；文章推荐机制单一；变现难度高

推荐指数：★★

豆瓣创建于2005年3月，以音乐、电影、读书起家，致力于帮助都市白领群体发现有用、有趣的事物，号称文艺青年的聚集地。许多当红的内容创作者，比如一直特立独行的猫、三公子、水物语等，最开始都是在豆瓣上写作的。

豆瓣的用户群体大多是接受过良好教育的都市青年。作为老牌写作平台，豆瓣相较于其他平台更注重社群的聚集。在豆瓣，你可以发影评、书评、乐评，可以找到自己的兴趣小组。豆瓣通过内容给人群分类，用内容来提高社区的黏性，

增强口碑效应。

豆瓣其实是很好的有助于打造个人品牌的写作阵地。豆瓣上写作高手很多，会倒逼你提升写作质量。如果你能在豆瓣写出优质的书评、影评，在豆瓣评论区长期排名前几位，你会源源不断地获得看过这本书的读者或看过这部电影的观众的关注，如果产生共鸣，他们就可能关注你的豆瓣账户，甚至看你在其他平台上的账户，进一步了解你。

而且，豆瓣文章写得好，会有很多出版社编辑约你写书评，甚至是约稿，给你带来不一样的机会。

3．知乎

优点：扶持新人；内容为王；粉丝黏度高

缺点：变现途径少，做到大V才有机会

推荐指数：★★★

知乎是中文互联网最大的知识问答平台，作为一个网络问答社区，以"用知识连接一切"为使命的知乎聚集了中国互联网上在科技、商业、文化等领域最具创造力的人，同时也汇聚了一批来自专业垂直领域的自媒体作者颇具深度的问题及回答。将高质量的内容通过人的节点来成规模地生产和分享，构建高价值的人际关系网络，是知乎的典型特征。

知乎对新人非常友好，它是目前所有互联网平台中为数不多的坚持UGC（即用户生产内容，而不是意见领袖、"网红"生产内容）的平台之一。在知乎，即便你是新人，只要你能坚持回答问题，成为某个领域内粉丝量或者点赞量在前几名的答主，也不愁没收益。如果回答点赞量高，你还有机会获得"知乎某话题高赞答主"的标签，这一标签含金量极高，对你日后出书乃至全面发展都很有帮助。

除了回答问题，你也可以通过在知乎开专栏变现，不过这需要你已经在某一领域积累了很多东西，因为知乎对文章的含金量要求较高。另外，知乎也是公众号引流的重要途径，它是目前唯一允许内容创作者将公众号放在文章中的平台。

另外，百度等搜索引擎会为知乎高赞答主带来很多免费的搜索流量，长尾效应非常明显。

4．简书

优点：人工审核；内容为王；对新人友好

缺点：变现渠道单一

推荐指数：★★★★★

2013年4月23日，简书公测上线。作为主打创作的社区，简书的定位是原创和写作，用户群体更偏向大学生和文艺青年。

归纳起来，简书主要有三大特点：一是内容广泛，在简书，无论你是写小说、写游记、写心灵鸡汤，还是分享知识、分享人生，你都可以找到属于自己的创作天地。二是设有专题，专题有自己的编辑，会审稿和推荐，上首页可以得到更多的曝光量。三是汇集了许多优秀的内容创作者和出版人，在简书，只要你写的内容足够好，你就有可能得到"潜伏"于简书的出版社编辑的赏识，获得出书的机会。

此外，很多自媒体大号、微博大号也会转载简书上受欢迎的文章。

简书写作的最大优势是容易被百度等搜索引擎搜到，只要文章标题嵌入关键词，就有很大概率被搜到，甚至出现在搜索首页。

5. 今日头条

优点：门槛低；受众范围广；变现渠道多

缺点：读者良莠不齐

推荐指数：★★★★★

今日头条是目前最火的算法推荐自媒体平台之一，其准入门槛较低，选择一定的主题，就可以申请个人"头条号"。发文章会有算法审核及人工审核，也会根据内容、质量、排版、配图等评定推荐指数，指数越高，阅读量越高。

今日头条的主要用户群体是大众，因此，在写作内容方面，娱乐和新闻资讯类的文章受众更广，相对更容易获得推荐，而干货、文艺类的文章流量相对较少。在文风方面，由于今日头条的读者看文章的主要目的是消遣，因此诙谐的白话文章，以及讲家长里短或者名人八卦的故事更占优势。

相比于其他平台，今日头条的变现渠道较多，归纳起来，主要有四大渠道：一是签约成为平台扶持的达人，有保底收入；二是开通问答，如果粉丝较多，回答质量也高，那么能赚点小钱；三是小视频或者文章被浏览较多次，能分得流量广告收入；四是使用商品功能，类似淘宝头条，在文章中插入广告赚钱。

在今日头条写作和在微信公众号写作的最大区别就是要围绕算法推荐动脑筋。文章没有被算法推荐和被算法推荐，阅读量可以相差1000倍，自然收益也相差1000倍。在微信公众号写作，某种意义上只需要认同你的一小部分粉丝订阅你，他们认可你，写微信公众号的你就能生活得很好。但是在今日头条，如果算法不推荐，你粉丝再多，大家也看不到你的内容，更谈不上变现。

6. 百家号、大鱼号、企鹅号、一点资讯

优点：门槛低；好操作；变现快；对新人友好

缺点：回报相对较低

推荐指数：★★★★

百家号是百度旗下的自媒体平台，大鱼号是阿里旗下的自媒体平台，企鹅号是腾讯旗下的自媒体平台，一点资讯是原凤凰网旗下的自媒体平台，我之所以把它们列在一起介绍，是因为它们具有很多的相似之处。

首先，这些平台都采用机器算法，当内容创作者在后台发布文章后，平台会评定文章的推荐指数，并挑选对应的读者进行推荐。如果读者点开率高，平台会继续推荐；反之，平台的推荐数就会停止增长或增长缓慢。

其次，这类平台都会设置新手期。在新手期，内容创作者的收益一般不会太高。一般情况下，内容创作者如果没有违规行为，很快便会收到转正通知。度过了新手期后，内容创作者的文章阅读量会直接和收入挂钩，所以新手在这类平台上写作，关键是要尽快度过新手期，尽量坚持每日更新，以提高阅读量和推荐量。

如果你决定在这四类平台上进行内容创作，刚开始不要过于在意收益，而应该先把矩阵铺开，把号"养"好，等过了转正和原创的门槛后，收益会自然而然地提高。

类似的平台还有网易号、一点号、趣头条。特别是趣头条，算得上是当下自媒体平台中的一匹黑马。趣头条的目标人群集中在三、四、五线城市，在内容上，它也更侧重于通俗易懂的故事、新闻、娱乐资讯等。客观而言，趣头条的收益算得上中等，由于用户数庞大，还是值得一试的。

7. 搜狐号

优点：权重高，排名靠前

缺点：回报中等

推荐指数：★★★★

搜狐号即以前的搜狐公众平台，是在搜狐门户改革的背景下全新打造的，分类内容入驻、发布和分发全平台，集中了搜狐网、手机搜狐网和新闻客户端三端资源，大力推广媒体和自媒体产出的优质内容。各个行业的优质内容供给者（媒体、个人、机构、企业）均可免费申请入驻，为搜狐提供内容。利用搜狐三端平台强大的媒体影响力，入驻用户可获取可观的阅读量，提升自己的行业影响力。

我之所以把搜狐号单独拿出来说，是因为搜狐号是自媒体平台中权重和搜索引擎检索排名比较高的。这个平台适合做公司品牌宣传或个人品牌宣传。在百度

搜索引擎中，搜狐号是重要的收录源。

如果你希望你的文章更容易在搜索引擎中被搜索到，搜狐号是值得考虑的。

8.微博

优点：门槛低；用户规模大；和淘宝等电商结合紧密

缺点：回报中等

推荐指数：★★★

新浪微博曾经是影响力最大的中文社交媒体，一直到今天，它都是除微信外国内最大的社交媒体平台，用户多，用户沉淀情况良好，很适合作为写作平台，用于个人品牌打造。

微博保留了社交媒体的很多特质，鼓励写作者互相关注，开放私信，支持互相转发、扩散流量，便于个人品牌打造者和粉丝直接联系和互动。

微博写作形式多元，支持短文案、单图或多图、长文案、头条文章、短视频、中视频、长视频、投票等形式，还支持发布后编辑，是目前内容创作丰富度和自由度最高的平台。

每天，微博上都会有各种热门话题，可以借势引流。如果我们第一时间就热门话题写出深度内容，就很容易获得阅读量和新粉丝。如果微博粉丝多，你还可以通过粉丝头条功能通知粉丝看自己的微博，提升优质微博的影响力，争取更大的"出圈"机会。

微博上的变现模式也十分丰富，有红包打赏、流量分成、付费专栏、电商分销，支持广告植入，微博直播功能也很多样，而且微博和天猫、淘宝打通，很适合一体化运营。

4.3.2　多平台分发文章的价值和注意事项

写作平台这么多，你并不需要在每个平台都写原创内容，这样创作成本太高，但是你可以考虑做多平台分发，也就是将一篇文章分发到不同平台上，这样做有很多潜在的好处。

1.增加收益

自媒体平台一般都是有广告收益补贴的，只要你发布的内容有阅读量，平台就会给你相应的补贴，那么我们多发一个平台，就多增加一份收入。

2. 版权保护

这是最重要的价值，版权保护一是为了保护自己独特的名字，避免他人在别的平台使用了你的名字，你反而变成了"李鬼"。你需要第一时间在每个自媒体平台上注册自己独特的名字，防止被他人占用。二是保护内容，如果你不把内容分发到各个平台，就会被一些"搬运工"发布到各个平台上。你自己想发的时候，很多平台的版权监控系统反而会认为你是盗版，不是原创，不允许你发布内容。

3. 提高个人品牌曝光度

如果你在多个自媒体平台都有账号，能够持续更新内容，而且内容质量还不错，就很容易被平台关注，邀约你加入平台内容创作者扶持计划。这样你的内容就有机会在不同平台得到推荐，让更多的人看到。如果很多人在不同平台都能浏览到你的内容，这一方面会强化他们对你个人品牌的记忆，另一方面会使他们认为你是一个知名自媒体人，因为在很多平台都能看到你的专栏，他们自然会把你当作专家。

特别是在一个大平台做出影响力后，你会接到很多平台的分发邀请，这个时候你就要和平台沟通分发的条件，争取在最大限度上得到平台的支持，最大化多平台分发的价值。

但你也要清楚不同平台的运营机制，比如，今日头条会依据发文时间、发文作者、文章原创度，综合判断是否进行内容推荐。文章原创度主要从标题、图片、内容三方面进行判别，这三方面的信息形成独一无二的"信息指纹"。如果把一篇文章稍加改动再发布，计算出来的"信息指纹"是不一样的。

如果我们将一篇文章同时推送到各大平台，由于这篇文章的信息指纹已经出现，很容易被系统的爬虫监控和采集，那就意味着在非首发平台被推荐的概率及阅读量很可能严重打折。但如果系统推荐后，发现你的文章用户评论、转发、收藏等的数据非常好，就会触发机器推荐机制：机器认为文章受读者喜爱程度比较高，文章内容有价值，就会推荐给更多人看，不排除会进行多次推荐。

另外，不同平台的推荐机制会有差异。比如，搜狐号更看重配图质量，也就是认为图片也是影响文章阅读量的关键因素；还重视文章标题与内容的关联性，不鼓励做"标题党"。而且，搜狐的受众群体比较偏商务，直接转发今日头条的文章，不一定能得到他们的认可。网易号的机制就是需要"顶帖"，参与互动，如果文章能激发很多自然流量参与互动，就更容易被推荐。

将同一篇文章分发到多个平台，有时候会致使平台不认可这篇文章的文字原创度，反而对文章曝光率造成削弱。有些平台，比如百家号、大鱼号，对原创度的要求是非常高的，一文多发肯定会影响平台对文字原创度的认可，反而使文章得不到推荐。因此我们可以优先发一个主平台，一段时间之后再分发到其他平台。

如果精力有限，你也不必追求分发到每个平台，我推荐大家保证以下五个平台每天分发一篇原创文章，这样既能保证一定的曝光度，又可以获得一些粉丝。

今日头条、一点资讯、大鱼号，均是根据粉丝阅读喜好做智能推荐的，所以只要你长期在某一垂直领域输出质量较高的原创内容，就可以获得推荐，提高曝光度，增加粉丝。

在搜狐号做的内容会被搜索引擎收录，在潜在粉丝搜索相关关键词的时候得到展示。百家号文章会同时得到百家号移动端的推荐和PC端搜索引擎的收录，也值得分发。但百家号对原创度的要求高，首发文章才更有价值。

为了让文章获得更多的推荐，我们建议采取这样的发布顺序：在每日只有一篇原创内容的情况下，优先发布头条号与百家号，但不能两个平台都优先发布，可以轮流发布首发原创文章，比如单日发头条号首发原创文章，双日发百家号首发原创文章，然后再发布到大鱼号、一点号和搜狐自媒体上。

当然，平台规则和算法一直在调整，我们应该随时关注平台推出的扶持计划，调整自己的分发策略，尽量把多平台分发原创文章的价值最大化，这才是目的。

4.4 怎样写才能让你的个人品牌更突出

4.4.1 植入你独特的品牌关键词或案例

打造个人品牌要写原创文章，许多创作者都遇到过一件令人生气的事：明明是自己原创的稿子，却被别人移花接木，变成别人的文章，你还很难追究查证。

其实，现在可以进行文章的版权跟踪，你可以在一定程度上保护自己的版权。比如，现在有维权骑士或者鲸版权这种在线版权保护网站，你注册账号并上传你的原创作品后，就可以申请线上版权登记。这种版权登记性价比较高，版权只需登记一次就可获得保护，保护时间长，其间无须续费，也无须续登。通过线上登记，30天内你就可以拿到版权证书。

但这种版权登记只能证明版权属于谁，并不能解决互联网时代未经授权非法转载的问题，很多文章原作者根本就不知道自己的文章已经被到处转发了。当然，很多读者缺乏知识产权保护意识，他们不觉得自己是未经授权转载的，而是认为自己喜欢作者的文章，在帮作者传播这篇文章给更多的人看。这样的读者，我们其实不用太介意，随着国内知识产权保护越来越严格，大家也会在法律约束下选择更谨慎的授权转载模式。

从个人品牌传播的角度看，你不必介意别人到处转载你的文章，文章被转载到不同平台，被更多人看见，也有一定好处，只要转载者告知别人文章的作者是你。

真正让人愤怒的是"洗稿"。洗稿是指侵权的人通过改变语句顺序、换掉关键词等方式，将原本的文章打乱重写，变成一篇全新的文章。洗稿和抄袭不同，抄袭的文章一与原文对比，就看得出来是谁抄谁。但因为洗稿会重组文章，"洗稿文"看起来就像一篇新文章，甚至可读性比你的原稿还强，这种侵权很难举证它是抄袭还是创作。

说到洗稿，我个人认为，仅仅指望版权保护是很难真正扼制的，因为举证维权的成本非常高。而且很多人的原创文章，其实也很难说完全是自己的原创，而是整合了别人的文章。如果花费时间去投诉别人洗稿，成本高，收效少，不一定划算。

要保护自己原创的内容，第一种方式是把自己的原创内容系统化输出，变成图书，变成网课，变成知识产品，登记著作权，放大它的商业价值，这样我们才会有足够的动力去保护版权。所以我总是强调，想打造个人品牌的朋友应该写书。出书不仅可以增强自己的个人品牌光环，书卖得好还可以带来新读者、新粉丝，更重要的是，有了书你就有了著作权，可以更名正言顺地保护自己的知识产权。网上的文章谁抄谁说不清，但你抄我的书，群众一般都能明白谁在侵权。

我过去写了很多关于社群的文章，后来很多网站上都出现了一些相关的"洗稿文"，其内容是我过去输出内容的改写，或者简单重组。所以我就出版了《社群营销实战手册》，这本书销量很好，很多人看过这本书，再看到别人写的文章，就知道谁是原创，谁是在复制别人的观点，这就很好地保护了我的知识产权。

第二种方式是主动做好版权登记。

今天各个内容平台的搜索引擎技术进步很快，很容易识别出哪篇文章是原创，但重点是你得第一时间去发布，或者主动登记你的文章。

第一时间发布，或者在搜索引擎留下首发证据，让搜索引擎能够更好地识别这篇文章最早发布的时间和发布平台，需要我们养成几个习惯。

（1）原创文章首发在百家号，发布之后百度会自动记录你的文章发布的时间，以后搜索引擎评判文章的首发出处的时候，你发布的文章将被记录为首发，因为不论是谁转载，都在你发布文章的时间之后。

（2）在所有平台发布时，记得勾选原创文章。

（3）原创文章发布之后，建议马上去多平台分发，这样有利于不同平台收录你的文章，对内容进行保护。

（4）发布文章时，记得在文章底部附上作者简介和版权声明。

（5）如果有精力，搭建一个"铁粉"交流群，发表了新文章，第一时间分享给粉丝阅读。

第三种方式是在文章中极为自然地引用你的案例或提到你的品牌关键词。

前面谈到通过写书保护版权，我就举了自己的例子。如果别人要洗稿我们的文章，就得把这些案例都替换掉，否则客观上他的洗稿还是在给我们打广告。

我曾经分享过一个视频号的免费课件，课件的内容很实在，很多人直接拿去讲课、收费赚钱。对于这种侵权，我当然追究不过来，但是课件里面的很多案例都是我们团队的实战案例，除非侵权者重新找案例，否则也只好沿用，继续帮我们打广告。

第四种方式是主动反复分享你文章的核心观点，广而告之。

雷军有一次吐槽说，"新零售"的观点明明是他先提出来的，但是大家都以为是马云先提的。原因也简单，马云的影响力更大，他说了，这个观点就通过他广泛传播，大家就默认了这个观点是马云提出来的。这同普通人分不清原创者和影响力最大的传播者是一个道理。

如果我们要保护自己的知识产权，就要反复强调自己的核心观点，让大家意识到这句话是你提的、你倡导的，你的个人品牌也和这句话紧密相连。

你甚至在你的每一篇文章中，都把这句话作为"slogan"，反复强调，使它成为你的记忆点。这也是打造个人品牌的一种很有效的做法。

就像我们今天谈到稻盛和夫，就会想到"利他"，但"利他"是稻盛和夫先生的原创吗？肯定不是。然而，稻盛和夫一辈子践行"利他"的理念，反而让他成为这个理念的最佳代言人。这是一种高明的个人品牌打造的思路。

4.4.2　写出带有你个人风格的金句

一篇文章能够广为传播，一个原因是作者个性化的笔法，另一个原因就是作者能写出金句。前面谈到可以把你原创的核心观点作为"slogan"写在文章中，到处用，反复讲。这样传达核心观点的句子，我们也叫作金句。在一篇文章中留下你创作的金句，文章就会自带传播能量，为你的个人品牌增添个性化的色彩。

怎样写出金句呢？其实可以学会应用一些常用的修辞手法或者有力量的句式，把大家都认可的观点用新的表达方式重新说出来，使其焕发出新的生命力。

1．金句手法一：顶针金句

"今年过节不收礼，收礼只收脑白金。"——脑白金广告语

这句经典广告就使用了顶针修辞，类似的名句很多：

"一生二，二生三，三生万物。"

"地法天，天法道，道法自然。"

2．金句手法二：转折金句

2015年，罗振宇在跨年演讲的最后，说了一个金句："没有任何道路可以通向真诚，真诚本身就是道路。"

这里的转折句式比顶针修辞更进一步，显得更有深度。类似的广告语很多，比如：

"不是现实支撑了梦想，而是梦想支撑了现实。"——北大宣传语

"不要为了天亮去跑，跑下去，天自己会亮。"——NB & papi酱

这样的句子通俗易懂，没有华丽的辞藻，却打动人心。美国总统演讲中很多金句都是此种格式。

"要么把敌人带给正义，要么把正义带给敌人。"——乔治·沃克·布什（George Walker Bush）

"人类必须终结战争，否则战争就会终结人类。"——约翰·肯尼迪（John Kennedy）

刘慈欣的《三体》中也有一句类似的金句："给岁月以文明，而不是给文明以岁月。"

3．金句手法三：对比金句

找到两个互相矛盾的词，将它们组织在一个句子里，从而营造出强烈的场景冲突，这就是对比。

"小孩才分对错，大人只看利弊"，就是一个典型的对比金句。"小孩"和"大人"是一组对比，"对错"和"利弊"又是一组对比，这两段词句本身也是一组对比，三组对比被短短12个字纳入，难怪冲击力那么强。

有对比，就有冲突，就容易被人记住。对比金句的结构较为多样，比如：

"懂你说的，懂你没说的。"——别克

"不是害怕离开，而是害怕再也回不来。"——红星二锅头

"人生近看是悲剧，远看是喜剧。"——喜剧之王卓别林（Chaplin）

"漂亮得不像实力派。"——锤子手机

4．金句手法四：对仗金句

英国前首相特雷莎·梅（Theresa May）在一次和工党领袖科尔宾（Corbyn）的辩论中，用了一句话来反驳科尔宾，令人印象深刻："他可以领导一次抗议，而我在领导一个国家。"

这句话很对仗，也有对比的感觉，特点是两个分句句式接近，甚至都使用某个关键词，但调整其他的关键词，带来各种变化。

"不在乎天长地久，只在乎曾经拥有。"——铁达时（Titus）

网络上也经常有类似的句式，让人读起来很有感觉，比如：

"你可以嘲笑我，但你不能嘲笑我喜欢的东西。"

"每场相遇都是侥幸，每次失去都是人生。"

"不要把别人的客气，当成你的运气。"

5．金句手法五：排比金句

排比是很有力量的修辞手法，用来表达观点非常有冲击力。马丁·路德·金

（Martin Luther King）的经典演讲《我有一个梦想》里就有多处让人印象深刻的排比句。

（1）短语排比。

"一起工作，一起祈祷，一起斗争，一起坐牢，一起维护和平。"

（2）句子排比。

"让自由之声从纽约州的崇山峻岭响起来！

"让自由之声从宾夕法尼亚州的阿勒格尼山响起来！

"让自由之声从科罗拉多州冰雪覆盖的落基山响起来！"

（3）段落排比。

"我梦想有一天，这个国家会站立起来，真正实现其信条的真谛：'我们认为真理是不言而喻的：人人生而平等。'

"我梦想有一天，在佐治亚的红山上，昔日奴隶的儿子将能够和昔日奴隶主的儿子坐在一起，共叙兄弟情谊。

"我梦想有一天，甚至连密西西比州这个正义匿迹、压迫成风，如同沙漠般的地方，也将变成自由和正义的绿洲。"

类似的金句很多，分享一个历史上有名的排比句，还是短语排比：

"我来，我见，我征服。"（VENI VIDI VICI）——恺撒大帝

6. 金句手法六：改造金句

这种金句的写法就是用名人名言、网络金句进行二次创作。你可以寻找一句你喜欢的名言，加工半句，使其成为你的个人IP金句。

例如，我曾说过："超级个人品牌就是超级流量池。"这句话其实是受华与华兄弟的金句"超级符号就是超级创意"的启发创作的。

类似的网络金句很多，试举几例：

"漫漫人生路，总会错几步。"

"真的猛士，敢于直播自己未化妆的脸。"

这些都是利用名言进行二次创作得到的金句。

当然，如果你足够强，可以自由创作属于你的金句，比如NB & 李宗盛的广告语"人生没有白走的路，每一步都算数"就非常漂亮，和李宗盛的沧桑感搭配完美。

想打造个人品牌，每一个人都需要自己的金句，这个金句一定要带有你个人

的性格和温度，帮你塑造自己具有差异化的"人设"。

没有谁是张口就能说金句的，每一个金句的背后都是——打磨、打磨、打磨！

4.5
比写100篇日更文章更重要的事情

4.5.1　不一定要日更，但一定要有质量

我的微信公众号一直在坚持日更，很多人非常佩服，觉得自己写文章也要坚持原创日更。这可能是一种误导。大部分人都低估了日更的难度，我提倡每日练习写文章，但不是说每天都一定要输出，写得好当然可以输出，写得不好就不要到处分享了。

你输出的文字，应该有一定的质量，对读者而言要有阅读的价值，不能因为自己写了一篇文字就非要别人看。有的朋友写了文章就到处扩散，其实正确的做法是先看一看数据，如果数据确实很好，比如虽然阅读量不高，但点赞率很高，说明文章的确不错，再推广一下，扩大文章的影响力。如果文章本身阅读量不高，点赞率低，留言人数也不多，你与其发朋友圈、微信群吸引大家看，还不如默默删了，争取写好下一篇。

写作者往往会有两个问题，第一个问题是：我怎么知道这篇文章写得好还是不好？

新手写文章，对自己文章质量的判断往往有很大的误差。作者本人觉得这篇文章写得特别好，是因为写作过程中代入了自己的情绪。写作过程对作者而言也是一种自我疗愈的体验，所以作者本人会特别认可这篇文章，觉得这篇文

章特别好，大家看完后一定会和自己一样获得很大的启发。这就是把自己的情绪共鸣泛化了，以为别人也会有这样的阅读体会，其实完全不是这样的。别人不关心你的情绪，普通读者，特别是陌生读者更关心通过阅读这篇文章，自己能收获什么。

如何知道一篇文章能否引发大家的共鸣呢？其实最简单的方式就是朋友圈测试。你可以把文章的一部分发布到朋友圈，看看大家是否愿意看，如果点赞、评论的人很多，那么这篇文章被大家认可的概率很大，推广效果应该不差。如果一篇文章质量没有得到数据支持，那么你就不应该自信满满地去扩散。

第二个问题是：刚开始写作的时候，是和很多自媒体高手一样坚持日更，还是牺牲频率，争取写出一些有深度、有质量的文章？

新手坚持日更难度非常大，等于在刚刚开始写作的时候，就要掌握写作、选题、追热度的技巧，还得协调好自己的时间，留足每天创作的时间，这实在是太难了。很多人为了坚持写作，立下了"我要日更100天"的目标，结果100天还没有到，就放弃了；或者勉强坚持到100天，但是被严重打击，因为自己写了100篇连自己也不想看的文章，既没有阅读量，又不涨粉丝，请问这种写作的价值何在？

我提倡面向可衡量的结果的写作。什么是可衡量的结果？很简单，写完这篇文章，你期望达到什么量化指标？比如获得多少阅读量，涨几个粉丝，带来多少销售量。你不仅要获得理想的数据，而且要反复问自己：我的数据相对于过去有进步吗？我的数据是否超过了与我粉丝数相同的自媒体？如果你的数据总是能超出平均水平，你的自媒体写作能力也会慢慢进步。

我并不鼓励大家一开始就追求写出"爆文"，"爆文"更多时候要看运气。你更新的频次多了，如果每次都能获得高出平均值的数据结果，你出"爆款"的概率自然会更大。

当然，很多平台会对不能坚持更新的账户做降权处理，但如果你的写作目标是打造个人品牌，那么你应该一开始就坚持深耕一个领域，努力写出对用户有价值的文章，注重文章的长尾效应。这样或许短期内很难出"爆文"，但是大家会因为文章的质量好记住你的个人品牌。

太多人只是在抢着发表观点，只有很少的人在思考本质问题。试着把写作时间投入有价值的、普通人想知道但因缺乏专业积累而写不出来的选题上，在这些选题上进行积累和打磨，争取输出一篇能让阅读者体验愉快、想关注作者本人的文章，这才是通过写作打造个人品牌的捷径。

最后，一个被很多人忽略的关键是，好文章值得你分发1万次。如果一篇文章真的很好，你要做的不是写下一篇，而是努力让这篇好文章被更加广泛地分发，使它的数据变得更好，甚至使人们只要一谈到这个话题，就想引用这篇文章。把内容做到极致，别人就很难抄袭，只能转载你的内容，帮你扩大影响力。

就好像如果我把这本书的内容拆分100篇文章，固然会换取很大的阅读量，但更大概率发生的事情是本书的观点被大家到处借用、改写，最后谁也搞不清是谁第一个系统地提出了打造个人品牌需要的技能，以及运营的关键点。

所以我不如直接先出一本书，再考虑慢慢拆分出多篇"干货"文章分享。质量好的书不但能大卖，还能启发大家深度思考，建立对作者的认同；而从书里拆解出来的文章，又可以引导大家去买更具系统性的书，这就完成了一个知识导流闭环。写书当然比写文章艰苦，但相比写文章被到处抄袭，是不是写书更容易带来回报？

当然，如果你写的文章开始有了一定影响力，坚持写作本身就能带来足够的回报，那么你最好能做到日更，要持续输出高质量的内容。不过到了这个阶段，你很有可能已经不是一个人在写作了，而是一个团队在写作，日更就不是那么难了。

4.5.2　打造内容中台分发思维

2020年1月底，我敏锐地注意到微信推出了视频号，很快意识到这是一个潜在的风口。于是我马上开始了解视频号的新功能，写成一个个"口播"小脚本，拍成视频号教程进行分享，结果非常受欢迎。

2月，我开始写视频号教程发布在公众号上，同样很受欢迎，阅读量很高。

3月，我把之前的"口播"小脚本打包做成PPT教程分享，这些PPT教程至少送达了100万人，很多人因此开通了自己的视频号，后来还成为大号。

5月，我把自己积累的案例和教程整理成书稿，和刘兴亮老师合作出版了《点亮视频号》，这本书一面世，就成为畅销的视频号图书。

6月，我把运营视频号的经验总结出来，开设了视频号训练营，一下子吸引了超过1.5万人报名。

8月，我针对企业开发了一系列视频号内训课程，悄悄打开了企业内训市场。

从9月起，我接到了越来越多的视频号直播邀请，做了很多关于视频号的分享。

12月，我开始筹划第二本关于视频号的图书，并全面升级了自己录制的视频号网课。

创作短视频脚本、写微信公号文章、做PPT教程、出书、办训练营、开发内训课、应约进行线下和直播分享，都离不开写作能力。更重要的是，在这个过程中，我其实只做了一件事：把知识用不同的形式在不同的平台分发。

我前面说过，简单地将同样的内容分发到不同的平台并不一定能得到系统的推荐，因为每个平台都在寻求差异化发展，把同样的内容分发到不同平台，并不是平台希望看到的结果，平台希望一个创作者能输出差异化的内容。

但显然，一个创作者"术业有专攻"，很难在不同的平台输出不同的内容，那我们能怎么应对今天多平台分发的挑战？我提出了"基于多平台分发的内容中台战术"。仔细观察我基于视频号的变现过程，你会发现我是把关于视频号的知识变成了不同的内容去分发的，也就是说知识是同源的，但输出形式不一样，需要针对不同平台进行个性化分发。

这也是我在《写作7堂课》里面反复强调的复利式写作思维：不是每天追逐新的灵感，而是让一个做好的产品去适应不同的场景，用不同的产品形式去满足同样的需求，这样就能围绕写作能力构建自己的产品矩阵，才能更好地实现流量变现。

只有深入理解下面的基于知识框架打造的内容分发模式（见图4-3），才能在未来的个人品牌打造过程中更高效地建立"产品+内容"的一体化分发流程，并围绕这个战术构建团队，强化产出和变现能力，在未来的竞争中领先一步。

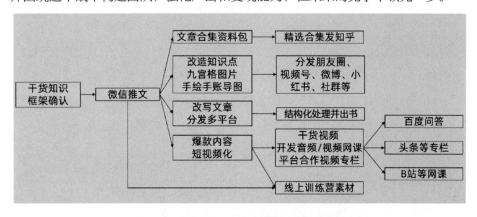

图4-3　基于知识框架打造内容分发模式

演讲力：会演讲的人更能让人记住

知名经纪人杨天真在混沌大学分享时说过，穿什么衣服，说什么话，做什么事情，在哪里被看到，传递了你是一个什么样的人。

演讲对打造个人品牌作用重大，成功的演讲会让现场的观众快速对一个人建立认同，产生信任和好感。

加州大学洛杉矶分校阿尔伯特·梅拉宾（Albert Mehrabian）博士在《非语言沟通》中说：一个人对他人的印象，约有7%取决于谈话的语言和内容，音量、音质、语速、节奏等声音要素占38%，眼神、表情、动作等形象因素所占的比例则高达55%。

无独有偶，《演讲的本质》作者、国际顶级演讲导师马丁·纽曼（Martin Newman）提出了"3V理论"，"3V"即视觉（visual）、听觉（vocal）、语言（verbal）。纽曼认为，一场演讲中，演讲者是通过视觉、听觉和语言去影响观众的。

苹果创始人乔布斯、软银集团创始人孙正义、阿里巴巴创始人马云、新东方教育集团创始人俞敏洪、小米创始人雷军都是演讲高手，他们通过演讲更好地传递了他们的观点，打造了自己的企业家个人品牌。

好在卓越的演讲技能是可以通过大量的练习与实践获得的。在某种程度上说，你的声音能传播多远，你的舞台就有多大，你的演讲能力有多强，你传播个人品牌的效果就有多好。

5.1 忘掉演讲恐惧症，去占领舞台

5.1.1 克服演讲紧张

马克·吐温（Mark Twain）说过：世界上有两种演讲者，一种是紧张的，另一种是假装不紧张的。

很多人第一次公开演讲时都很紧张，影响发挥，甚至有人因为太紧张，发挥不好而留下心理阴影，产生演讲恐惧症。其实演讲时感到紧张是正常的，这是人的本能。对原始人而言，被很多双眼睛同时看着，往往意味着危险，因为这些看着他们的眼睛可能就是猛兽的眼睛。这时，人会下意识地想逃跑，血液会流向四肢，头脑会一片空白，头脑的反应速度会变慢。人们来到演讲台，被台下很多双眼睛看着，就和想逃离的原始人一样，感到紧张非常正常。

适度的紧张对演讲来说是一件好事，它可以让演讲者更加重视这场演讲，专注于演讲本身，从而提高演讲的质量。所以你要认识到演讲前有紧张感是很正常的，重要的是你要学会与这种紧张感相处，把它控制在合理范围内。

关于如何克服紧张，在演讲台上流畅地表达思想，全世界演讲达人的建议大同小异，可以总结为以下五个途径（见图5-1）。

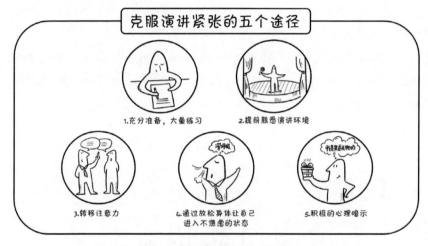

图5-1　克服演讲紧张的五个途径

1.充分准备，大量练习

不擅长演讲的人会有一种感觉：自己在演讲前进行排练，反而发挥不佳，有时候写完演讲稿直接讲效果更好。因此有人担心，如果提前排练，正式演讲时反而缺乏新鲜感，还不如不准备。这是给自己偷懒找的理由，演讲的新鲜感来自新的观众，演讲的保障来自你对演讲话题的反复打磨和练习。

我进行重要的分享时，会提前写好演讲词，然后对照PPT分页打印逐字稿，接下来反复背，起码要背诵10遍，才能熟记演讲稿，做到在人前不出大的差错。所以克服紧张最好的方法就是充分准备和大量练习。而且我发现，不管在什么场合，一定是做过精心准备的人发言质量更高，而不一定是所谓的大咖。

关于演讲逐字稿，我建议全文用口语写，要把礼貌的称呼、过渡的语言全部写到逐字稿中。逐字稿中还要标注哪里需要停顿，哪里需要加重语气，哪里需要配合表情或肢体动作，哪里需要和观众互动，这些全部都是逐字稿的内容。很多人用书面语写，读起来语感不好，而且缺乏肢体语言、表情的配合，这其实不是一篇演讲稿。

一篇好的演讲稿也是需要反复打磨的，好的演讲稿应该言之有物，充满感情，语言优雅，没有晦涩难懂的词语，特别是可以用一些修辞手法，比如排比，以强化自己演讲的效果。

关于大量练习，我建议分三个阶段进行。第一阶段是全文背诵，而且是发声朗读式的背诵。在全文背诵阶段，你只需要专注于记住演讲稿的内容。我建议每一次背诵，你都先要求自己能讲完全部内容，如果出现卡壳就看一下演讲稿，让自己能继续讲下去，这样会帮你形成对演讲全程的节奏的记忆。我不提倡每卡顿一次就从头再来，这样很可能导致讲前面的内容时十分顺利，到了卡顿点，大脑却习惯性地卡顿。第二阶段是对镜子练习，在熟悉演讲内容的基础上，接着练习自己的表情和肢体动作，使其和演讲的节奏匹配。第三阶段是小范围地在熟人和陌生人面前试讲，这样练习更有现场感。

一般来说，演讲稿练到第10遍时，你对内容就比较熟悉了；练到第30遍时，你就能自如地表达，甚至可以加一些肢体动作了；练到第100遍时，你就可以在舞台上通过演讲征服台下的观众，成为闪闪发光的人。

2．提前熟悉演讲环境

当你面对熟人，或者在熟悉的环境演讲时，你往往都不会过度紧张。所以我建议，如果你要去一个陌生的地方做演讲，你至少要提前半小时到现场，熟悉讲台，熟悉设备（投影、话筒、电脑、翻页笔等），调试设备，测试走台。

所谓测试走台，就是你需要在演讲台上来回走动一会儿，想象和感受一下自己登台演讲时的场面，把设计好的走动方式简单演练一遍。如果时间充足，你可以提前做彩排，这样效果会更好。

还有，一定要站在听众席看一下舞台，从听众的角度看自己，想象一下听众的感觉。

如果到得早，你还可以在演讲开始前尽量多地和现场听众交流，提前自我介绍，建立你和部分听众之间的信任。在演讲时，你可以多和这些友善的听众进行眼神互动，逐渐让自己进入放松的状态……

你还可以了解听众对演讲主题的期待，思考一下你的演讲内容是否需要微调，甚至找几个你与听众的共同点，修改自己的开场白，以更好地激起听众的共鸣。

如果你相信听众都是你的"铁粉"，你就不用担心大家不捧场，你在现场会更自信、更放松。

3. 转移注意力

想一想我们失眠的经历，因为睡不着觉，我们总想着要快点睡着，结果注意力越集中于强迫自己睡着上，越是睁眼到天明。应对失眠的最好办法是什么？那就是承认自己失眠了。既然睡不着，那就不要睡了，起来做点事，等困了再睡，或者就安静躺在床上，想想最近发生的事情。这样你不会马上睡着，但是至少不会再关注睡不着这件事，不知不觉中你就能够睡着。

演讲也是一样，紧张时你越想"我这么紧张，待会儿上台忘词怎么办，被人笑话怎么办"，结果只会越紧张。你越担心自己演讲时紧张，你的注意力就越会集中在这个问题上，你真的会越来越紧张。

面对紧张，最好的办法就是告诉自己"紧张就紧张呗"。没有什么大不了的，去关注一下其他的事情，特别是对演讲有价值的事情，转移你的注意力。

比如，把演讲稿打印出来，在登台前拿在手上看一看。认真看讲稿能够很好地转移我们的注意力，而且越熟悉内容，越能增强你演讲的信心。如果不是太重要的演讲，你也没有准备讲稿，你可以用手机或纸记录下演讲思路或大纲，快速形成自己的发言思路。

又比如，登台前和其他嘉宾、工作人员聊聊天，或者做一下热身运动，都是转移注意力的好办法。

演讲者一般在开场的时候最紧张。这个时候你讲一个笑话，能够活跃现场的气氛，也有助于转移自己的注意力，消除紧张情绪。你也可以套用一个笑话来调侃自己的紧张状态，这样反而能够让你放松下来。

在演讲时放空思想，只想下一句话说什么，别的不要去想，尽最大努力专注于演讲，也是一种转移注意力的方式，能让你从担心演讲失败转向关注演讲本身。

4. 通过放松身体让自己进入不焦虑的状态

行为心理学原理指出，如果一个人的生理状态是相对放松的，他的精神紧张也会适当消除。

最简单、最常见的身体放松方法就是深呼吸。紧张的时候，心跳会加快，而且你会感到心烦意乱。这时候什么都别想，深呼吸并感受腹部的起伏。就这样一两分钟，呼吸慢慢就顺畅了，紧张感会消除很多。上台之前多做一些深呼吸，打打哈欠，抖抖手，抖抖脚，尽量让身体处于一种放松、舒服的状态。

做一些肢体动作也能消除紧张感。比如双手攥拳、全身用力，让自己身体的每一块肌肉都绷紧，脚趾头也要用力。坚持3秒，然后放松。连续这样做三次，注意感受放松时的感觉。这也是很有效的办法。

缓解肢体紧张的办法还有以下几种。

做口部操，放松一下唇部肌肉、舌头、颧部肌肉，进行声音高低起伏的放松练习。

喝一些水，润润嗓子（注意不能喝太多），吃一点巧克力等甜食，这有助于补充体力，缓解压力。

上台前可以听一些轻柔的音乐，最好是佩戴耳机倾听，也会有放松的效果。

5. 积极的心理暗示

有一种很流行的说法：人类恐惧排行榜上的第一名是当众讲话，而不是死亡。这种说法可能略微有些夸张，但是我们不得不承认，绝大多数人确实很害怕当众讲话。

虽然你觉得演讲出错很让人尴尬，但其实几场演讲过后，大家只会记得那些成功的演讲者，那些发挥不佳的演讲者没有人记得，除了你自己特别介意。知道这一点会让你不那么害怕演讲失败。

此外，新手需要降低对自己讲话的期望，不要期待自己一鸣惊人，把自己想表达的观点说清楚就好。没有人是天生演说家，只要讲得多了，谁都能讲好，下一次发挥更好就够了。

很多时候，演讲者紧张往往是因为害怕观众不喜欢自己的演讲。演讲者在上台前要给自己一些积极的暗示：我很棒，我讲得很好，我的演讲对大家有益，不管别人怎么想，我会把我最好的思想分享给大家。这种积极的心理暗示会帮演讲者在潜意识中树立起自信。上台前最好去卫生间整理一下形象，看到自己精神饱满的样子，演讲者也会得到积极的心理暗示。

当你来到舞台时，请务必带着微笑，用自信的目光和大家接触，特别是和那些对你也报以微笑的观众接触，这会给你更多的信心。如果你看到一些愁眉不展的观众，想象一下他可能正在经历一些不愉快的事（比如失恋了），而那些事与你无关，并不是因为你的演讲。

还有一种技巧是想象台下的观众都欠你很多钱，建立心理优势，再开始演讲，这是一种有趣的技巧。

总之，用积极阳光的心态面对上台演讲，你就会收获粉丝和自信。

5.1.2　避免演讲忘词的五个小技巧

大多数演讲者都经历过这样的情况：你正在台上演讲，台下的听众正看着你，一切都很顺利，但突然之间你的脑海中一片空白——你忘词了，这让你的脑袋上冒出冷汗，可是你越紧张，越不记得接下来要讲什么。

那么，如何破解演讲时忘词的困境呢？

首先要认识到，即便是演讲高手，也会遇到这种情况，这是很正常的。人的状态有起伏，偶尔卡壳非常正常。

演讲忘词的原因是什么呢？

从准备演讲的角度看，演讲忘词最大的原因就是紧张，心理负担重。要预防紧张，需要准备充分，大量练习。

第二大原因是演讲稿逻辑不够通畅，用词太书面，增加了记忆难度。所以最好自己写演讲稿，梳理你的演讲逻辑线，如果忘词了，顺着逻辑线用自己的话继续展开即可。

我强调要多背演讲稿，但很多人是死记硬背的，要求自己记住演讲稿上的每一个字，而不是理解演讲稿的内在逻辑。这样一旦在现场受到各种影响而导致大脑短路，你反而容易忘词、卡壳。

另外，演讲稿可以多用口语化的词、成语、俗语、歇后语，用自己习惯、熟悉的语言表达，这样相对来说不容易忘。

如果准备得很充分，但在现场依然忘词了，你该怎么办？

1. 动作过渡法

忘词时不用紧张，可以有意地放慢语速，顺便喝口水，或者进行一些现场互动，这样可以为自己赢得时间去回忆后面的内容，比如说"刚刚我讲的，不知道大家是否理解了，如果理解的话，大家可以举手让我看看"。

2．自然补充法

如果你发现自己忘词了，但你记得下面要表达的观点或者逻辑，那现场重新组织语言去表达你的观点就好。用你的新话术继续讲述，直到你记起后面的词来。说不定现场发挥会使这次的演讲更出彩。当然，这需要很强的应变能力，多数演讲者临时现"编"的词都不够精彩，但这总比愣在台上让人尴尬要好。

3．总结回顾法

演讲稿中，最容易使人忘词的部分通常是上下两个要点之间，如讲完一点之后忘了该怎么接着说下一点。这时你可以总结一下前面的内容，为自己争取回忆的时间。如果还不奏效，你可以撇开原来的演讲稿，顺着演讲的逻辑或中心词自由发挥。

4．查看卡片法

如果有演讲笔记或大纲，你可以很自然地低头看一下大纲，然后继续演讲。不用担心大家发现你在看稿，只要在形体上不让大家感觉你明显在看稿就够了。

现在很多演讲允许用幻灯片，这也是非常好的提示自己演讲进度的方式。有的重要演讲允许舞台前方放一个地面屏幕，同步投影幻灯片，甚至是演讲词，这同样是很好的提示方式。

但切记不能因为担心忘词，总看提词屏幕，反而让观众觉得你对自己演讲的内容没多少把握。

5．主动跳过法

很多时候，我们演讲过程中的忘词，仅仅是忘记一小块内容，而不是忘记全部内容。所以如果忘记下一句或下一段，那就从你记得清楚的那一段接着讲就好。

还有一种情况是，你忘记的内容，后面又想起来了，那么你可以找机会补充说明。如果没有合适的机会，不要强行补充，因为这样反而会打乱整个演讲的流畅性，就当这部分内容不需要讲好了。

5.1.3　四种打开局面的演讲开场白

演讲开场白有三大作用：第一，吸引听众的注意力，激发听众的好奇心；第二，阐明演讲的必要性，建立与听众的感情；第三，确定演讲的调性，顺利地进入主题。

好的开场白不但能迅速营造融洽的气氛，培养演讲者与听众的感情，拉近心与心之间的距离，还能一开始就牢牢抓住听众的心，使听众对演讲内容产生一种强烈的渴望感，让听众愿意听，继续听。反之，如果演讲的开场白不怎么样，就等于白开场，会让听众产生心理落差，一下子失去对演讲的兴趣。

下面呈现的是演讲中的四种经典的开场白，也是最能快速征服听众的开场白。

1. 开门见山式

单刀直入，直截了当地把演讲主题和盘托出，让听众一听就明白演讲的主题是什么。

我在高校分享自己的新媒体运营经验的时候，就用了这种开场方式。

尊敬的各位领导，亲爱的各位来宾，大家好！在很多人眼里，我是一个新媒体运营高手，我的微博、微信公众号、短视频、直播，都做得不错，每个风口都被我拿下了。从1998年我开始接触互联网以来，已经20多年了。在这20多年里，我有过成功的经验，但更多的是失败的教训。今天，我不想炫耀自己如何"成功运营了新媒体"，我打算认真地谈一谈我做新媒体遇到的"大坑"。因为我相信，成功的经历往往很难复制，但是失败的教训人人都可以努力吸取……

2. 赞美观众式

大多数人都是喜欢听好话的。所以，演讲者开始演讲的时候，如果能对现场听众的积极参与、热情学习表示肯定和称赞，或对当地的自然风光、历史文化表示欣赏和惊叹，那么将更容易引发听众的自豪感，满足听众的自尊心，从而获得听众的认可，并使自己接下来的演讲在愉快的气氛中进行。

我有一次上台演讲后，用赞美观众式开场白开场。

今天下大雨，外面天气非常冷，我一开始很担心现场能不能坐满。结果我发现现场不光坐满了人，而且大家非常热情。能够站在这里和大家做分享，我非常高兴！你们是我遇到的最有热情、最有激情的一群伙伴。所以让我们先给现场这么多优秀的伙伴，给我们活动的主办方鼓鼓掌，好不好？

赞美能够快速缩短演讲者与听众的感情距离。但演讲者必须处理好两个细节，赞美的效果才能最大限度地实现。第一，提前了解听众，找对"赞点"，让听众觉得你的赞美是针对他们的，而不是笼统、客套、简单的。第二，赞美要真诚，方式要独特，让听众感觉到自己很重要。

3．犀利提问式

演讲者上台之后，先向听众提一个与演讲主题相关的问题，请听众跟自己一起思考。

向听众提问的好处是可以马上引起听众的注意，让他们一边思考，一边听讲。这不但有利于集中听众的注意力，而且有利于控制整个演讲场面。同时，听众带着问题来听讲，也将大大增加他们对演讲内容认识的深度和广度。

罗永浩在跨年演讲《时间的朋友》中就用到了犀利提问式开场白："过去一年中的哪一天、哪个时刻，你认为很重要？"问题一抛出，现场约1万名听众与电视机前和手机前的听众同时回顾和反思起了自己过去的一年，演讲者与听众实现了同频。

4．精彩故事式

你可以在演讲开始时讲一个内容生动精彩、情节扣人心弦的故事，或者一个令人瞠目结舌、出乎意料的事实，制造某种悬念，营造某种氛围，让听众十分关心故事的发展和人物的命运，从而产生非听下去不可的欲望。

我在新书《直播销讲实战一本通》发布会的演讲开场时这样说。

2020年，我本来计划开线下私房课，结果开不了，怎么办？那就改到线上开！但线下的万元课程改成线上课程，怎么解决大家对学习模式信任的问题？

没有想到这个让人头疼的问题，通过一场线上销讲就解决了，我不但轻松招满了学员，而且人数超出预计——我计划招30个人，结果有60个人报名，我不得不让一部分学员参加第二期课程。

这固然与当时的特殊情况有一定关系，但也和我成功的线上销讲分不开。为什么成功销讲有这样的魔力？这就是《直播销讲实战一本通》要告诉大家的！

精彩故事式开场白容易调动听众的注意力，也比较容易上手，故初学演讲者特别适合选用这种开场白。注意，精彩故事式开场白要避免复杂的情节和冗长的叙述。

掌握了上述几个方法，你就能为自己的演讲设计一个出色的开场白，进而抓住听众，让他们能够兴致盎然地听你讲下去。

5.2
为演讲加分的五个要素

演讲的主要形式是"讲"，追求语言的表现力和声音的感染力；同时还要辅以"演"，即运用面部表情、手势动作、身体姿态，带动现场的"能量场"，营造一种特殊的交流氛围。真正的演讲高手不仅懂得如何表达，更懂得如何利用一切因素为自己的演讲加分（见图5-2）。

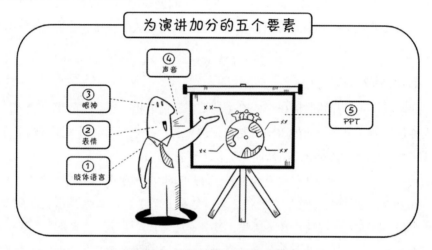

图 5-2　为演讲加分的五个要素

5.2.1　肢体语言

1. 站位

最好的演讲站位是舞台中间或者黄金分割位。在演讲的过程中，演讲者也可根据自己演讲的进度进行合理的走动，避免舞台过于单调。

2. 动作

在演讲的过程中，适当使用合适的肢体语言去配合你的演讲内容能让你的演讲更生动、更形象。比如余世维老师讲管理时，就会模仿他要讲的场景中的动作，让听众更好地领略管理故事背后的细节，营造出更符合故事内容的氛围。

需要注意的是，动作虽然是演讲的重要加分项，但并不意味着在演讲的过程中可以随心所欲地做动作，演讲中的任何动作都必须基于演讲内容去做。一些毫无意义的肢体动作，比如撩头发、扶眼镜等，不仅不是加分项，还会给演讲减分。

5.2.2 表情

在进行演讲时，你的面部表情就是一种无声的语言，能让听众更好地了解演讲内容，更好地被你带入演讲情景。即使演讲的内容再精彩，如果你的表情总看起来缺乏自信、畏畏缩缩，演讲就很容易变得欠缺说服力。

无论演讲时的面部表情是好是坏，都会带给听众极其深刻的印象。紧张、疲劳、喜悦、焦虑等情绪无不清楚地表露在演讲者脸上。如果你希望展现给听众积极的面部表情，一个控制表情的方法是"放慢语速"。语速一旦放慢，人便有足够时间去调整脸部表情，可以配合演讲内容做出更多更好的表情。

另外，很多人把讲话和演讲混为一谈。领导讲话表情都特别严肃，但演讲不能只有严肃一种表情。演讲的表情一定要配合内容做个性化调整。当你讲到令人高兴的内容时，你就需要开心的表情；如果你讲到严肃的内容，你的语气和表情也需要正式一些，这样听众就会被你的情绪所引导，更好地进入演讲的氛围。

5.2.3 眼神

在演讲的过程中，你和听众的眼神互动也是至关重要的演讲加分项，好的眼神互动能够让听众觉得你很自信且很重视他们。刚开始练习演讲的人最害怕的就是与听众有眼神上的互动，怕和听众对视，也怕被听众看。

当众演讲就必须忍受众人的注视。并非每位听众都会向你投以善意的眼光。如果你因此就全程低着头或者只盯着某个地方，就会给人不自信的感觉。在演讲过程中，请一定注意不要"垂头"。人一旦"垂头"，就会给人"丧气"之感，而且会暴露演讲者不敢和听众视线接触这一事实，继而难以吸引听众的注意。

与听众进行眼神互动的秘诀，就是一边进行演讲，一边寻找向自己投以善意眼光的听众，无视那些忽略你演讲的人。如果看到不住点头表示肯定的人，你一定要多和他们眼神互动，这对巩固演讲信心很有帮助。

有一种方法主张，若在演讲中感到紧张，不要看听众的眼睛，而要看他们的头顶，避免直接视线接触。这种方法只能避免完全无视听众这种更尴尬的结果，但并不能带来一场成功的演讲。我鼓励大家在现场和听众互动时，先与认可你的听众眼神互动，慢慢多看几个人，接着环视全场，最终建立演讲的自信。如果你只看空气，就会让人感觉你的眼神漂移、闪躲，即在演讲时眼睛会上下左右朝各个方向看，但就是不看你的听众。

5.2.4 声音

在演讲中，整体上你需要用平静而有力的声音进行表达，语气应坚定而有力，这样听众更易建立起对你的信任感。

演讲的声音需要有节奏感，需要抑扬顿挫，一成不变的音调容易让听众感觉疲倦，有催眠的效果，全程高音则会让听众觉得太吵，注意力容易分散。节奏控制应适当。声音技巧可以运用在演讲的三个阶段中（见表5-1）。

表5-1　声音技巧的运用

开头	在演讲开头，你需要提高音量，吸引听众的注意力
段落	讲内容时，你可以调回正常但能被听众听清楚的音量；讲到关键点或者动情处时，可适当放慢语速；段落与段落之间可以做一些停顿，让大家知道你即将进入下一部分的陈述
结尾	结尾时，你可以根据内容需求提高音量，放慢语速，再次让别人理解你的观点和目的

5.2.5 PPT

一个制作精良的PPT对演讲的作用主要体现在三方面：一是实现信息的可视化，给听众更好的体验，比如介绍实际的产品时，用PPT呈现图片最为直接；二是提示听众演讲的重点，也可以在演讲者因为紧张等情况而忘词时提示演讲者；三是让枯燥的演讲变得生动有趣。

PPT对演讲的最大贡献是让演讲有"画面感"。讲故事有时候需要金句、照片和视频的冲击，PPT就是这些元素最好的载体。用视觉化的方式展示强烈的情感冲击，自然而然强化演讲的效果，能将观众带入你当时的情绪。

如果你需要提升演讲的PPT水平，我推荐大家看一下秋叶团队的《说服力：让你的PPT会说话》。

5.3
TED高手都在用的演讲法

你一定听说过TED演讲，TED演讲有很多经典案例，让人听完以后意犹未尽。TED演讲总裁克里斯·安德森（Chris Anderson）在看过无数TED演讲之后，总结了四条演讲法：

聚焦于一个主题（focus on one major idea）；

给听众关注这一主题的理由（give your listeners reasons to care）；

用听众熟悉的概念表述你的主题（build your idea with familiar concepts）；

让你的主题值得分享（make your idea worth sharing）。

这四条演讲法就是一个特别好的演讲公式，按照这个公式去构思你的演讲，就很容易抓住现场观众的心。

5.3.1 聚焦于一个主题

人更擅长处理少量的信息，演讲者经常犯的错误是一次性给予听众过多的信息。

很多演讲看似内容充实，实则观点又多又杂，听众很难理解分享者想讲清楚的内容。你越是想通过演讲传递信息，就越需要精简演讲内容，聚焦于你最想阐述的主题，把这个主题一层层讲清楚、讲透彻，让观众和你一起发现"新大陆"。这样做的效果远远好于塞给观众一堆信息。所以选一个主题，围绕这个主题挖掘有价值的观点，但让这些观点都服务于一个主题，演讲的所有内容最终都应与该主题相连。

其实这就是在为一场演讲选择一个好选题，关于这个选题，你有独特的体会或者积累，能让别人有足够的新鲜感。我建议从如下维度展开思考。

（1）我最值得骄傲的业绩。

（2）我知道但别人（或大多数人）不知道的知识。

（3）我经历过的最痛苦的事（很多人有类似的经历）。

（4）我经历过的最快乐的事（很多人期望有类似的经历）。

（5）我学到的最好的一课（分享不一样的认知）。

（6）我这一生的使命和我希望号召他人跟随的伟大事业。

如果你提出了一个有吸引力的主题，成功吸引了听众的注意力，你的演讲就有了一个好的开始。

5.3.2 给听众关注这一主题的理由

演讲一开始，你就需要向听众传递观点。这是建立你和听众联系最有效的方式。好的观点能使听众产生共鸣，这就为他们提供了一个继续听你分享的理由。

特别是当演讲主题和你的工作领域无关时，为什么是由你来讲，而不是由别人讲这个主题呢？这是必须告知听众的。

最简单的方法是一开场就用一两句话将听本场演讲的好处说出来。比如，你是一个学习爱好者，所以你可以告诉大家你报名学习了很多高价或者有名的课程，花了很多时间和金钱，因此你非常了解在学习过程中需要注意避开哪些误区，你的分享可以节约大家的时间和金钱。因为你花了很多时间和金钱去学习，所以你有足够丰富的经历帮助别人避免走弯路，这个理由是有说服力的。

如果你无法在演讲开始时抛出足以得到听众认同的理由，那你就需要给出一个能激发听众好奇心的场景来吸引他们，运用有趣的、有启迪性的问题来告诉听众，今天的话题为何需要大家重视。或者你可以指出听众认知中的一个空白点，这样听众自然就有了填补空白的需求，这种需求一旦被激活，你要进行后面的演讲就容易多了。

要在演讲过程中做到这一点，最简单的方式就是讲故事。这个故事怎么讲呢？

第一，一个好的故事，一定要有一个能引起听众共鸣的主人公。

第二，一个好的故事，一开场就会制造悬念或者冲突，让故事更有张力，而不是平铺直叙。

第三，一个好的故事，一定有丰富的细节，让故事有画面感，普通听众也能代入。

第四，一个好的故事，一定要有一个能让人产生强烈情绪共鸣的结局。

故事讲到位了，你的听众关注你所讲主题的理由也就被种在了他们的心田。

TED一位嘉宾的演讲开场是这样的。

首先，我要在这里向大家坦白一件事。20多年前，我做了一件至今仍令我后悔不已的事情，一件我并不特别引以为傲的事情，一件从许多方面讲我都希望没有人会知道的事情。但在这里，我不得不坦白交代。20世纪80年代末，在我年少轻狂的时候，我上了法学院。

进入法学院是一件好事，为什么这位演讲者会"后悔不已""不引以为傲""希望没有人会知道"？一旦大家的好奇心被激发，他们就会很期待演讲者的分享。

5.3.3　用听众熟悉的概念表述你的主题

一个人在台上演讲，他对演讲内容胸有成竹，但你却很难一直听下去——你有没有遇到过这样的演讲？演讲者对自己要表达的内容可能非常有把握，却容易忽视听众理解该主题的能力。

演讲者通过分享传播信息之前，一定要仔细评估听众的理解能力。要用听众熟悉的概念去解释你要讲的内容，才能匹配听众的直接认知水平，否则对听众来说，你讲的内容太深，他们听不懂，你们便无法有效互动。

很多人问过我关于秋叶团队产品差异的问题，比如，线上的PPT网课和线上的PPT训练营有什么区别？

我的回答是，网课好比你考研时买的教材，自学能力强的人自己看教材也能学会。但是更多的人需要某种学习氛围，需要报考研班，让老师带着学。我们的PPT训练营就是考研班，因为有老师的服务，所以收费也会贵一些。

再比如，我们有三本书——《和秋叶一起学：秒懂PPT》《和秋叶一起学PPT》《说服力：让你的PPT会说话》，很多人问这三本书有什么区别？

我的回答是，学完《和秋叶一起学：秒懂PPT》相当于通过大学英语四级，学完《和秋叶一起学PPT》相当于通过大学英语六级，学完《说服力：让你的PPT会说话》相当于通过英语专八。

直接解释这些产品之间的差异，只会引入更多的专业概念，对普通听众来讲，还是很难理解。演讲高手往往会通过打比方的方式，用听众容易理解的概念去类比，降低他们理解演讲内容的难度。

好的演讲者需要借助打比方的力量，把自己的内容和听众脑海中已有的概念联系起来，从听众的角度出发，用听众听得懂的语言去分享。因为演讲者自己习以为常的术语和概念，对听众来说可能是十分陌生的。虽然用专业性很强的术语也许会证明你很专业，但这会影响听众的理解，反而降低沟通的有效性。

判断自己的演讲内容是否过于深奥的一个有效的方法，就是在正式演讲前，约陌生听众试讲，找出并改进那些让他们感到困惑的部分。

5.3.4　让你的主题值得分享

（1）听众是否清楚知道你传递的观点或主张是什么？

（2）听众是否认可你的观点？

（3）听众是否愿意传播你的观点？

这是评估一场演讲是否成功的三个标志性问题。

合格的演讲至少应该满足问题（1）的要求，成功的演讲应该解决问题（2）、问题（3）。

去餐厅吃饭，如果一道菜卖相特别好，很多人会产生拍照发朋友圈的冲动，这就无形中为餐厅做了广告。

在演讲的过程中，什么情况下听众最有发朋友圈的冲动？就是听到金句，特别是看到投影在大屏幕上的金句的时候，这时听众最容易争相拍照和分享。

金句的实质是值得分享、打动人心的观点。在演讲中持续分享有价值的观点，是让演讲成为传播节点的好方法，更是一个演讲打动人心的关键所在。

在罗振宇的跨年演讲《时间的朋友》中，大屏幕上经常出现各种金句，而且全部经过精心设计，视觉冲击力十足，非常方便大家拍照传播。

要打造个人品牌，我建议你有意识地设计演讲金句，并设计好PPT，让金句显得更有质感，更方便现场拍照，从而促使你的演讲观点通过大家的朋友圈扩散出去，给你的个人品牌带来更大的影响力。

顺便说一句，历史上最优秀的演讲家都会把演讲控制在20分钟内。亚伯拉罕·林肯（Abraham Lincdn）的"葛底斯堡演说"只有272个字，时长不超过3分钟。温斯顿·丘吉尔（Winston Churchill）的就职演讲"热血、辛劳、眼泪和汗水"只有688个字，时长仅5分多钟。

在演讲的前10分钟，人们的注意力会不断集中，超过这个时间点则会开始分散。这就是很多TED演讲都不超过10分钟的原因。如果你能在10分钟内征服听众，就不要讲11分钟。我想，这也是TED演讲给我们很重要的启发。

5.4
五种常见的即兴演讲技巧

如果一个人真的有了个人品牌，会发现自己被邀请进行即兴发言的机会越来越多。如果没有经过训练和准备，很多人会遇到类似的困扰：

在公众场合被邀请发言，大脑一片空白；

和领导、客户吃饭，没有共同话题，显得格格不入；

在团队会议上，说话没逻辑，在下属面前丧失威信；

和网友见面，嘴笨，反应慢，因言不达意而得罪人；

……

之所以会出现类似情形，原因很简单——光有当众演讲的能力并不够，你还得有即兴演讲的能力。我发现许多人总是把演讲想得很复杂，认为演讲一定要站在聚光灯下，面对无数的听众。事实上，生活中大部分的演讲都是即兴演讲，比如向领导汇报工作，在其他员工面前讲话，向客户介绍自己的项目等。掌握即兴演讲的方法和技巧能够帮助你更好地赢得信任、赢得机会。

5.4.1　"一二三法则"

"一二三法则"也被称为"黄金三点论"，它强调的是讲述任何话题时都以

"一、二、三"的框架进行，从三个层次分析、三个方面描述（见表5-2）。你在面对任何一种即兴演讲情景时，都可以利用"一二三法则"轻松应对。

表5-2 "一二三法则"的常用表述方法

时间	过去、现在、未来；初期、中期、后期；第一个十年、第二个十年、第三个十年等
地点	家中、公司、市场；上、中、下；前、中、后；左、中、右等
人物	自己、对方、第三者；买方、卖方、中间人；生产商、经销商、客户；上司、自己、下级等
其他方面	结果、因素、现象；生理、心理、情绪；准备、执行、检讨等

例如，你在论述"'一二三法则'的作用有哪些"时，就可以利用"一二三法则"进行表述。

第一，它是一个精准表达的万能工具，可以帮助我们整理表达思路，主要优势是快速简洁、逻辑清晰、层次分明。

第二，我们可以在日常生活中发现许多使用"一二三法则"的案例。比如，我们一般会围绕时间、地点、人物这三大要素来创作一篇文章。

第三，"一二三法则"适用于大部分人群，主要可运用在这三个方面：文章写作、言论发表、沟通谈判等。

5.4.2 "问题+原因+解决方案"

"问题+原因+解决方案"这种即兴演讲技巧更适用于回答问题和描述现象的即兴演讲情景。

例如，在职场中，当你被上司问到"为什么今年的销售指标没有完成"这一问题时，就可以运用"问题+原因+解决方案"的即兴演讲技巧来做出回答。

指出问题：今年的销售指标只完成了80%，结果确实不理想。

分析原因：通过深入分析，我认为原因主要有三点。第一是我们的产品种类比较单一，客户在购买时可选的范围较小；第二是今年"双十一"线上促销的力度偏小，"双十一"销售额只有去年"双十一"销售额的一半；第三是销售部门的同事流动性比较大，80%的新员工都没干满两个月，真正留下来的人不到10%。因此，我们的销售力量不强。

提出解决方案： 针对以上三点，我也想好了积极的应对策略，准备在下周一的晨会上宣布。第一，研发部加强投入、创新，参考市场同类产品，保证今年推出四款新品；第二，春节促销提前三个月开始筹备，布置仓储、物流，设计促销价格体系；第三，人力部门和销售部门加强对新员工的培训和关怀，尽量降低人员流失率。我保证，明年的销售指标一定努力完成！

5.4.3 "感谢+回顾+未来愿景"

"感谢+回顾+未来愿景"这种即兴演讲技巧更适用于各种聚会场合，比如亲友婚礼、朋友生日会、同学会、颁奖会、公司联欢会、客户答谢会、孩子毕业典礼、家庭聚会、追悼会等。

以小学毕业20年同学会演讲为例。

感谢： 感谢班长和老同学们组织这场意义重大的聚会，让阔别20年的老同学有了相聚的契机。

回顾： 回想当年，虽然20年过去了，但一切仿佛还在眼前。那时候，尽管我们的经济条件并不好，但大家聚在一起，每天都很欢乐。我记得有一年班级组织春游，我不小心弄丢了钱包，所有的同学都自发地帮我寻找，最后终于在一个石头缝里找到了。现在回想起来，恍如昨日。

未来愿景： 什么都不说了，都在酒里！我祝班主任赵老师身体健康、寿比南山，祝同学们家庭幸福、事业有成！再过20年，我们还是一条好汉，到时候一定再聚！干杯！

5.4.4 "观点+原因+案例+结论"

"观点+原因+案例+结论"的即兴演讲技巧更适用于需要表明观点、回答问题或提供建议的即兴演讲场合。

比如，作为一名培训师，当有学生问你"学习演讲可以提升自信吗"时，你就可以借助"观点+原因+案例+结论"的即兴演讲技巧做出回答。

观点： 提升自信的方法有很多，演讲就是很好的一种方法。

原因： 因为演讲可以锻炼口才，提高胆量，改善气质。

案例： 拿我自己来说吧，学生时代，我其实并不是一个自信的人，我不自信的一个重要表现就是我不敢当众讲话，每次只要碰到要当众讲话的场合，我就会十分紧张，越紧张，越表现不好，越不自信，这就形成了一个恶性循环。上大学后，因为一次机缘巧合，我接触到了演讲，并系统地学习了演讲技巧。我发现，通过学习，我变得不再害怕演讲，甚至喜欢上了在公共场合畅所欲言的感觉，我整个人也变得积极、阳光、自信起来。

结论： 所以我相信演讲可以提升自信，这也是我决定成为演讲培训老师的重要原因。

5.4.5 "故事+观点"

"故事+观点"的即兴演讲技巧和"一二三法则"一样，也是一个万金油式的演讲公式，适用于所有演讲场合。到了需要即兴演讲的时刻，如果你发现自己大脑一片空白，或者发觉自己无话可说，那么你可以借鉴这种演讲技巧，立即开始讲故事、举例子，帮助自己冷静下来，打开思路。

比如，在公司的月度总结会上，领导突然点到你的名字，让你对某个问题发表自己的看法。由于没有准备，你完全不知道如何开场。这时候，你就可以套用"故事+观点"的即兴演讲技巧。

故事： 这件事情让我想起了另一家公司发生的类似的事，他们是这样做的……

观点： 总之，我认为……

5.5
请像脱口秀演员一样演讲

今天，一个演讲者要打造个人品牌，除了观点深刻，最好还要有幽默感，让大家在轻松的氛围里接受你的观点。这一点做得最出色的莫过于脱口秀演员们。

脱口秀是一种谈话节目，传统的脱口秀节目会邀请一系列嘉宾就某一个话题进行讨论。但脱口秀短视频简化了这一流程，通常仅由出镜者一人发表自己的观点。脱口秀短视频的内容涉及方方面面，根据其不同的具体内容，脱口秀短视频可被分为以下三类（见表5-3）。

表5-3　三类常见的脱口秀短视频

类型	特点	代表作品
幽默类	内容幽默诙谐，充满娱乐精神，传递正能量	《暴走大事件》
分享类	以分享知识、传递信息为主，具有一定价值	"樊登读书"系列短视频
现场类	以现场脱口秀节目为素材，剪辑部分精彩内容呈现给用户，常有临场发挥的内容	"小哈"（脱口秀主持人）系列短视频

国内的脱口秀大咖李诞说："我有一个'极端'的观点，就是每个人都可以做5分钟的脱口秀演员，一个人这辈子怎么也都有5分钟好玩的事可讲。你讲过就会发现，脱口秀就和唱K一样，讲一段你就会很开心、很舒服，还不花钱。"讲这"5分钟好玩的事"的时候，可能就是一个演讲者的高光时间。不过说话容易，演讲难，把演讲练到脱口秀这个级别就更难了。

如果一个人的演讲带有一点脱口秀的技巧，一定会给人留下更深刻的印象，对打造个人品牌作用很大。如果一个人具有"综艺感"，不管是线下分享还是线上直播，都更容易"圈粉"。

我们不需要成为"演讲第一高手"，只需要成为本场演讲中效果最好的那个人就够了。"你不用说得特别完美，只要比那么几个人说得好就够了。"这也是《如何成为讲话有趣的人》作者大卫·尼希尔（David Nihill）的观点。

大卫·尼希尔特别看重脱口秀表演，是因为他发现：第一，大脑对无聊的事不感兴趣；第二，如今听众已经习惯了接收以幽默的方式呈现的信息。

在10分钟的演讲中，你只需要用1分钟的幽默表达让大家笑上四五次，就能使自己的演讲比90%的演讲更有趣（也更有效），因为其他人说得实在太无聊了！

脱口秀演员思文在新书《说笑：有效有范儿的表达技巧》里提出，简洁即幽默，任何冗余和累赘都是好笑最大的敌人。

如果你给了听众太多的无效信息，最后讲出笑点的时候，大家往往会觉得：啊？就这？

思文举了一个她在《脱口秀大会》第二季中说过的段子。

女人啊，即便是美貌，也需要你的经济能力做支撑。因为你可以买各种衣服啊、护肤品啊、美容卡啊。俗话说得好，'没有丑女人，只有穷女人'。你别看吴昕现在长得好看，你都不知道她以前没钱的时候，有多年轻。

女人有钱才好看。吴昕有钱好看，没钱的时候，一个干脆的反转——年轻!

思文说的这段话，如果用普通的方式表达，可能是这样的。

有一句俗话，相信很多人都听过，叫'没有丑女人，只有穷女人'。这句话说的就是女人要有钱，你不够漂亮，就是因为你没有足够的经济实力把自己打扮得漂亮。只要你有钱，就能花钱让自己变得漂亮。你可以买各种衣服啊、化妆品啊、护肤品啊，做保养，做美容……

就拿吴昕来说吧，你看她现在长得多好看，但是如果你不看她现在，而是看她以前的样子，你会发现，那个时候啊，她很年轻。

是不是觉得这样很啰唆，这是在说什么呢?

思文告诉我们，不只是讲脱口秀，日常沟通也一样，你需要给信息提纯。大多数人习惯在描述一件事的时候，添加无关紧要的细节，这会大大削弱故事的好笑程度。你可以尝试把想要表达的内容列出来，再把无关的信息删掉，然后将剩余信息有序地说出来就可以了。

所以形成脱口秀思维对提升演讲力有极大的帮助，顶尖的演讲者引人发笑的方式和脱口秀演员相同，虽然他们本人可能并没有意识到。

更重要的是，引人发笑并不需要天生的幽默感。比起找到天生的幽默感，愿意天天训练自己的幽默感更要紧。

训练自己脱口秀能力的七条建议如下。

（1）认真学习脱口秀入门教材《手把手教你玩脱口秀》。

（2）自主写一篇800字左右的脱口秀演讲稿，演讲耗时约5分钟。

（3）反复排练，修改你的脱口秀演讲稿。

（4）把你的脱口秀压缩到3分钟。

（5）报名当地的脱口秀俱乐部，参加开放麦表演（开放麦是一种人人都可以报名的演出，只有上台，把自己交给听众来评价，你才能知道自己的问题）。

（6）总结大家没有笑的原因，认真向比你成熟优秀的演员取经。

（7）参加过开放麦表演后，再看一遍《脱口秀大会》演员的表演，你才能真正明白自己和他们的差距。

脱口秀训练有助于提升你演讲的幽默感，但演讲本身还有自己的特点，比如其商业目的、严谨的逻辑和更系统的表达。但有一点是一样的：只有你真正在舞台上体验了别人做过的事情，你才能更深刻地理解你和高手的差距。

短视频：让每个人都看见你

今天，在工作、学习的间隙，你通常会做什么？我想，你的答案或许是浏览抖音、B站、快手、视频号……

发现了吗？不知从什么时候开始，短视频已经悄悄"入侵"人们的生活，成了人们消磨时光、放松休闲的重要方式。可以说，作为一个时代的标志，短视频正以一种燎原之势，成为和直播并驾齐驱的流量马车。

短视频的火爆，也给了普通人被大众看见的机会，让打造个人品牌、扩大个人影响力有了新的途径和更多可能。我们所熟悉的许多"网络红人"，比如papi酱、李子柒等，都是通过短视频，让手机另一端的我们认识他们、了解他们，进而实现流量变现的。

这也意味着，要想被更多人看见，构建属于自己的可持续流量池，运营短视频无疑是必要的。

6.1
短视频时代，你不能做缺席者

6.1.1 为什么打造个人品牌一定要做短视频

视频内容并不是一种新鲜的模式，早在2005年，优酷、土豆作为第一代视频平台就已经创立，也发布了很多爆款短视频作品。短视频成了内容创作的主流。我们打造个人品牌，为什么要做短视频呢？

1. 短视频导致了阅读习惯的变化

短视频内容具有更强的冲击力。相比文字、图片，短视频同时将声音、图像、文字、配乐、故事情节传递给阅读者，能调动阅读者多个感官吸收信息，在同一时间内传递的信息量更大。对阅读者而言，好的短视频让大脑的阅读负担更轻，读者只需要跟着看就好，是一种更轻松的阅读模式，就好比电视媒体出现后，迅速取代了报纸杂志的地位一样。人一旦习惯看短视频，就会减少阅读文章的时间。

以抖音、快手为代表的短视频平台培养了人们观看1分钟内的短视频的阅读习惯，契合今天在移动环境下的碎片时间阅读的趋势。大家可以利用等车、睡前的碎片时间看短视频，而且全屏手机让人更容易沉浸其中，于是不知不觉就看了很多内容，消磨了时间。

这种阅读趋势的转移让微信、淘宝等平台也不得不推出自己的短视频内容创作功能。

2. 短视频制作门槛已经非常低

4G网络的普及带来智能手机的普及，基于智能手机的相机功能，各种手机剪辑软件极大地方便了短视频创作，让短视频内容真正实现了人人可以创作，人人可以剪辑，人人可以发布。

一般来说，短视频的内容体量比较小，创作流程非常简单，制作成本也不高，短视频创作人员通过一部手机就能进行拍摄、剪辑和发布，这种"即拍即传"的传播方式大大降低了创作门槛，普通大众都能够参与进来。

微信朋友圈很早就有用手机拍摄10秒小视频并发布的功能，微信推出视频号，更是让发布一个短视频的难度变得和发布一条朋友圈差不多。

而剪映、秒剪等手机短视频编辑工具，在性能越来越强大的智能手机的支持下，让普通人用手机快速套模板剪辑出可看短视频的难度越来越低。"00后"年轻人已经非常习惯使用短视频表达自己的想法。不会短视频的往往是中年人，对年轻人来说，使用短视频表达是很正常的事情。

3. 短视频有助于更高效地打造个人品牌

如果你要打造个人品牌，短视频本身就是一种更高效的内容媒体。比如，在美食、美妆、穿搭、旅游、好物、软件操作教学等赛道，用短视频传递信息更高效、更完整。

更重要的是，发现短视频成为一种新的阅读趋势后，所有的平台都开始扶持短视频内容。在人口没有大的变动，每天上网时间没有大的变化的前提下，互联网的游戏规则是用户能用在网络上的总时长是有限的。如果短视频阅读时间变长了，必然挤压其他内容媒体的阅读时间。

互联网平台是很容易监测到用户阅读时长的变化趋势的。今日头条、百家号、知乎、微博这些过去以文字内容为主的平台，都开始鼓励大家发短视频内容，并给予短视频内容更多的流量扶持。短视频内容也更有助于平台延长用户停留时间，维护自己的商业价值。

例如，2020年微信公众号也开始加大力度扶持和推荐分发短视频内容的账户，而我在微博上发短视频，阅读量往往比发头条文章高2~3倍。如果我们打造个人品牌还固守图文推广的模式，不跟上短视频时代的趋势，我们相当于放弃了效率更高、流量更大的内容创作工具。

4. "短视频+直播"模式变现效率更高

2018年，我的团队同时做了"秋叶Excel"微信公众号和短视频账户。到2020年底，"秋叶Excel"微信公众号粉丝突破20万人，而抖音账户粉丝突破750万人，2020年才开始运营的快手账户的粉丝也突破了100万人。而且，单条爆款短视频带来的阅读量经常达千万级，但微信公众号文章阅读量超过5000就非常不错了。

"秋叶Excel"短视频有了粉丝以后，有品牌广告投放、直播卖课、短视频带货三大收入来源，仅2020年就带货《和秋叶一起学Excel》图书超过1万册。而"秋叶Excel"微信公众号在积累到10万粉丝之前，不敢随便发广告，推广课程、图书的能力也不足，变现能力非常有限。

此外，"秋叶Excel"短视频账号因为粉丝基数大，一场直播经常有超过万人在线观看，直播带货、带课的能力更强。特别是有爆款短视频出现时，抓住爆款流量马上直播，会给直播间带来大量新流量。

通过这个案例，大家可以非常直观地看到：短视频的流量潜力更大，涨粉潜力更大，带货潜力更大。

要更高效地打造个人品牌，你就应该努力跟上短视频时代的脚步。

6.1.2 短视频内容的三大特点

短视频是继文字、图片、长视频之后新兴的又一种内容媒体。它融合了文字、语音和视频，可以更加直观、立体地满足用户的表达、沟通需求，满足用户相互展示与分享的诉求。相较于传统视频、微电影和直播，短视频有四个不同的特点。

1. 时长较短，阅读和传播速度更快

今天我们理解的短视频一般指时长不超过3分钟，甚至不超过1分钟的视频。对于超过3分钟且不长于30分钟的视频，人们已经提出一个概念，叫"中视频"。

短视频这个"短"的特点要求内容节奏极快，强调快速展开剧情或核心亮点，去掉所有不必要的细节和背景介绍，刚好满足了碎片化场景下的快速阅读需求，而且因为内容短，消耗很少的流量就能看完。

另外，与传统图文相比，短视频也能给用户带来更好的视觉体验，在传递信息和表达观点时会更加生动形象。这大大提升了用户主动转发、分享内容的主动性。同时，短视频"轻量"的特点，也让其尽可能地摆脱了网速的限制，传播速度更快，普及范围更广。

2. 突出个性化表达，快速打造KOL

谁的短视频更有个性，谁就更容易被关注。打造个人品牌需要突出自己的个性，分享和大家差不多的文字内容很难让你在万千作者中脱颖而出。如果将你文字内容中的思想或者技能，通过你的个性视频来传播，你的关键意见领袖（key opinion leader，KOL）形象会被更快地打造而成。

网上有很多做Word教学的短视频，绝大部分是录制的教学视频，这种短视频一开始也很受欢迎，但是在"秋叶Word"推出"Word姐"的人设形象，借Word姐和老板斗智斗勇的剧情展开技巧教学后，后者受欢迎的程度就超越了前者。现在，"秋叶Word"在抖音、快手、视频号、B站都是最受欢迎的Word教学账户之一，阅读量、粉丝数、带货量都远远超过纯教学的账户。相反，纯教学账户因为缺乏"人设"，没有打造出KOL，基本上都找不到变现路径，大部分都停止了更新。

3. 注重完播率，算法推荐提高阅读量

今天的短视频平台都在全力打造社交互动评价及算法推荐功能。用户完成短视频制作后，分享至短视频平台，平台会观察你的短视频的完播率、点赞量、评论量、分享量等数据，并依据这些互动数据的情况，用算法将短视频推荐给更多人观看。

如果一个短视频完播率很高，点赞、评论量也很多，那么短视频平台算法会主动推荐这个短视频给更多人看。这就意味着哪怕你的初始粉丝很少，但如果你可以拍出数据好的短视频，系统会把你的视频推送给更多人看，扩大你视频的覆盖面。如果你能连续稳定产出一系列网友爱看的短视频，就意味着在一段时间内，你可以得到系统多次推荐的机会，甚至足够多的粉丝。

6.1.3 短视频内容平台的选择和分发

现在的短视频平台很多，每一个短视频平台都在互相竞争、互相学习中快速进化。目前最主流的短视频平台有六个，大家可以关注。

1. 抖音：记录美好生活

用户画像： 受众范围广，用户男女比例均衡，以年轻人为主。

平台特征： 内容种类丰富，算法推荐技术先进，娱乐化内容更受欢迎，KOL变现模式多。

2. 快手：拥抱每一种生活

用户画像： 以三线以下城市的年轻人为主要受众，现在也覆盖一定的一二线城市居民。

平台特征： 以"去中心化"为核心价值观，实行"流量普惠"政策，内容接地气，对普通新用户扶持力度大。

3. 哔哩哔哩（B站）：你感兴趣的都在B站

用户画像： 受众以年轻人为主，关注二次元、娱乐、学习、生活等内容。

平台特征： 内容形式多样，学习属性强，社区黏性强，官方对原创作者的扶持力度大，中视频更受欢迎，视频中广告极少。

4. 西瓜视频：给你新鲜好看

用户画像： 以三四线城市用户为主，正在延伸到一二线城市用户，大多数用户为中层消费者，娱乐时间充裕。

平台特征： 力图打造集短视频、长视频和直播于一体的综合视频平台。借助算法分配流量，新手上传视频后马上就可以获得广告收益分成。目前正在转型扶持优质付费专栏节目，对短视频拍摄的要求有极大的提高。

5．微信视频号：记录真实生活

用户画像： 背靠微信12亿用户，从一二线城市用户逐步向全体微信用户覆盖。

平台特征： 背靠微信巨大用户流量，结合"社交关系推荐"和"算法兴趣推荐"两大优势配置资源。

6．微博短视频：全新打造视频信息流

用户画像： 微博用户。

平台特征： 重视短视频社交互动功能，提升用户社交体验，支持更自由的短视频发布，比如授权转发、视频长度没有限制。

除了这六大主流短视频平台，几乎每一个互联网平台都支持短视频内容，并给了短视频内容更多流量扶持。

我们对选择适合自己的短视频内容平台的建议策略是，**重点突破，全网分发。**

不同短视频平台的用户画像不同，社区文化不同，推荐算法不同，适合不同的内容创业者。"秋叶Excel"的内容在抖音上很受欢迎，分发到快手效果也不错，但是在B站和视频号，暂时就没得到太多关注。而"秋叶PPT"的短视频内容，在抖音、快手、视频号上都很受欢迎，但是在B站上还没有太好的数据反馈。

另外，不同平台用户对内容的偏好是不断变化的，这一方面要求创作者根据用户口味、偏好去调整自己视频的风格、内容和长度，另一方面也提醒我们应该先在一个短视频平台做出影响力，再借助这样的影响力重点运营另一个平台上的流量，吸引更多的粉丝关注。

但要注意的是，一开始就要统一在各平台上使用的名称，全网分发内容，如果你不主动分发，就很容易遇到到处"搬运"别人短视频的"搬运党"，侵权使用你的短视频内容。

大部分短视频平台支持首发原创保护，如果你是首发原创的短视频，平台会保护你的版权，不让其他人直接在当前平台上搬运。

6.2
总有一种短视频"玩法"
适合你

6.2.1 短视频到底有哪些拍法

2018年，各大主流短视频平台开启了"短视频定义之争"。

抖音、新浪微博最初设定的短视频时长均为15秒。快手对短视频则有不同的定义，在直播行业巨头参与的"云+视界"大会上，快手CEO直接把短视频定义为"时长在57秒之内，以竖屏播放为主的视频"。随后，今日头条提出了关于短视频时长的又一个观点："4分钟是短视频最主流的时长，也是最合适的播放时长。"

由此可见，不同平台对于短视频时长的界定各不相同。后来，各大短视频主流平台又对短视频时长进行了调整和更新（见表6-1）。

表6-1 2021年年初短视频主流平台对短视频时长及呈现方式的界定

平台	时长	呈现方式
快手	10分钟以内	竖屏为主
抖音	15分钟以内	横、竖屏均可
西瓜视频（今日头条）	无限制（5分钟为宜）	横屏为主，竖屏无平台广告收益
微博短视频	5分钟以内	竖屏为主
微信短视频	60秒以内	横、竖屏均可

除了B站，绝大部分平台认可的短视频长度是15分钟以内。在15分钟内，你能拍出的短视频类型其实是很丰富的。

1．日常生活分享

日常生活分享类短视频与人们的生活息息相关，因内容贴近生活而能引发大众共鸣，深受用户喜爱，这个赛道和每个人的衣食住行相关，可以做的视频的类别非常多（见表6-2）。

表6-2　日常分享类短视频类别及代表作品

类别	代表作品
生活	"纳豆奶奶"系列短视频
美食	"拜托了小翔哥"系列短视频
萌宠	"会说话的刘二豆"系列短视频
旅行	"旅行达人华仔"系列短视频

2．技能分享

技能分享类短视频的内容主要涉及生活小技巧、专业知识、学习经验等诸多方面，因其很高的实用性广受网友好评，通常保存和转发量都较大。技能分享类短视频可分为几个类别（见表6-3）。

表6-3　技能分享类短视频类别及代表作品

类别	代表作品
健康	"医路向前巍子"系列短视频
职场	"职场议事"系列短视频
车评	"猴哥说车"系列短视频
穿搭	"九九在这"系列短视频
育儿	"博士妈妈谈育儿"系列短视频
美妆护肤	"方恰拉"系列短视频

3．幽默娱乐

幽默娱乐类短视频老少皆宜，因其幽默诙谐的特征获得了广大用户的喜爱。

幽默娱乐类短视频一般以表现日常生活为主，内容以实际生活中的某些突出现象为基础，表演者用略微夸张的动作、表情和幽默风趣的语言，在令用户捧腹的同时又能戳中人心、引起共鸣，因而受到了很多用户的喜爱。幽默娱乐类短视频可分为几个类别（见表6-4）。

表6-4　幽默娱乐类短视频类别及代表作品

类别	代表作品
脱口秀式	"papi酱"系列短视频
剧情式	"疯狂的小杨哥"系列短视频

4. 颜值才艺

颜值才艺类短视频同样很受用户欢迎，许多拥有超高颜值的视频主角会在短期内收获很多粉丝，他们的带货能力也比较强。颜值才艺类短视频可分为几个类别（见表6-5）。

表6-5　颜值才艺类短视频类别及代表作品

类别	代表作品
换装	"刀小刀sama"系列短视频
演绎	"小爪几"系列短视频
才艺	"冯提莫"系列短视频

5. 街头采访

街头采访类短视频具有不确定性，制作流程简单，常常与热门话题相关，深受都市年轻人群的关注。街头采访类短视频可分为几个类别（见表6-6）。

表6-6　街头采访类短视频类别及代表作品

类别	代表作品
问答	"叮当街访"系列短视频
挑战	"街头辣椒王"系列短视频
探店	"辣姐在武汉"系列短视频

6．创意剪辑

创意剪辑类短视频的创作者通常有比较专业的剪辑技巧，能够通过精良的剪辑手法，或是搞笑幽默的表现形式，展现创作者的创意，具有一定的观赏性。比如，一些创意剪辑类短视频会添加复古或是科技的元素，利用剪辑技巧来达到创意效果；还有许多短视频创作者会对影视剧、动漫、游戏等进行再加工，二次创作出新的短视频。创意剪辑类短视频可分为几个类别（见表6-7）。

表6-7　创意剪辑类短视频类别及代表作品

类别	代表作品
创意剪辑	"十皮嬉士"系列短视频
二次创作	"海绵哥哥"系列短视频
剧情概要	"毒舌电影"系列短视频

6.2.2　强化个人品牌的低成本短视频的五种创作形式

对于很多想打造个人品牌的人而言，拍摄短视频是一件让人纠结的事情。

从成本上讲，拍摄短视频投入巨大，需要系统策划，需要团队配合，需要专业设备，需要后期剪辑。相比坐在桌前写文章，拍摄短视频的投入大很多倍，但不一定能在短期内获得回报。

"秋叶Excel""秋叶PPT""秋叶Word""秋叶PS""秋叶WPS"使用的"剧情+技能"的短视频创作模式，需要专门的剧本、编导、拍摄、剪辑和主演，一个人根本就搞不定。对于想打造个人品牌的普通人而言，启动成本很高。

从创作角度上讲，很多人担心：我没有颜值，大家会愿意看我的短视频吗？我根本不是戏精，一本正经也能拍出有意思的短视频吗？

其实我认为，任何形式都是为内容服务的，只要你的内容有价值，大家就愿意看，就能持续形成影响力。一般而言，有五种成本较低的短视频创作形式有助于强化个人品牌（见图6-1）。

1．"口播"短视频形式

"口播"短视频拍摄成本最低，适合普通人，只需要一个人对着镜头讲一段话，做好打光和收音，用手机就能拍摄和剪辑。

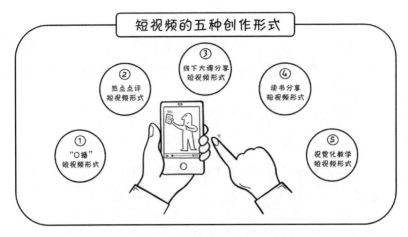

图 6-1　短视频的五种创作形式

卢战卡和胡明瑜老师的短视频，就是"口播"短视频的代表。他们所有的短视频都是一个人对着镜头、拿着话筒，分享一段给人启发的故事。他们用这样的方式拍了很多短视频，持续出过千万级的"爆款"短视频，并没有因为形式单一就没有人继续看。

要做好这种"口播"短视频，最关键的是主题要吸引人。只要你讲的主题抓住了大家的关注点，你的视频就不缺人打开；如果你的内容还激发了大家的情感共鸣，那么很多人会点赞分享，实现极大的传播效应。

适合"口播"短视频的人，一是微表情丰富，二是声音吸引人。特别是第二点，是这种"口播"短视频使大家喜欢听的关键。

大部分人拍了一段时间的"口播"短视频，发现数据越来越差，要么是因为选题上没有认真评估网上可能的"爆款"选题，缺乏判断力；要么是因为声音表现力不足，很难让普通人记住。

2．热点点评短视频形式

很多人的公众号文章其实是追热点、讲观点的，把这种写作思路搬到短视频创作上一样有用。用短视频的方式评论时下的热点话题，一样可以提高影响力。

《点亮视频号》的作者刘兴亮和我都采用了这种模式。刘兴亮老师的短视频有个栏目叫"亮三点"，每天针对热门事件提出自己的三个观点，这相当于一种结构化的创作。

我的定位则是围绕短视频、微信生态的各种新功能与新"玩法"，提出自己的看法，引导大家思考背后的运营逻辑，一样得到了很多人关注。

适合热点点评短视频的人，一般在某个领域有自己的行业影响力，大家愿意听你对一件事情的深度趋势性判断。其实这种短视频很适合财经类、时政类、地产类、法律类、职场类内容，这些领域新闻多、案例多、热点多，若点评犀利、言辞得体，很多人会愿意追看你的视频。

3. 线下大课分享短视频形式

很多人擅长线下演讲和分享，气场十足。如果要拍摄短视频，你就应该把这种线下演讲的视频剪辑成短视频分享。同样的道理，如果一个人很适合直播，也可以把他直播里发挥精彩的片段剪辑成短视频分享。

像樊登老师，就是把自己线下大课的视频剪辑成短视频全网分享，大家一样喜欢看。而且线下大课的氛围比坐在桌前讲一本书好得多，现场观众的表情也能丰富视频的内容。

又如李佳琦，他是把自己直播中精彩的片段剪辑成短视频全网分发，这样不但可以带来二次传播，还能直接带货。

我们团队个人品牌IP营的"科学育儿小七老师"，非常擅长线下聊育儿话题，线下讲课都忙不过来，根本没有足够的时间拍短视频。现在他尝试请别人把他的线下大课录下来，再把每堂课中最精彩的部分配上字幕，剪成短视频分享。他现场分享效果特别好，加上观众互动表情，剪辑出来的短视频效果比对着镜头"口播"更好。

4. 读书分享短视频形式

很多想打造个人品牌的人喜欢读书，也擅长读书，所以可以做分享读书心得的短视频。

做读书分享的短视频非常多，不同类型的图书适合不同的读法。比如，情感类、文艺类的图书适合朗读精彩片段；干货类图书适合分享书中提到的好方法，你还可以链接微信公众号文章，引导大家去看更详细的内容；绘本类图书可以分享共读亲子绘本的场景，让别的爸爸妈妈直观地看到不同绘本讲故事的方法；历史类的图书可以直接讲故事，故事讲好了，大家自然会去看你推荐的好书。

甚至还有更简单的做法：把好书里面的金句和观点做成设计精美的电子海报、卡片，然后配上音乐，不断翻页展示金句，这样的短视频制作起来十分便捷。

如果觉得海报没有仪式感，可以勾画书中金句，并拍成照片，再配上音乐，将这些照片串联成视频。

还有一种做法，就是做"翻书视频"，你一边翻，一边讲解这本书。这种做法特别适合图画多的图书，视觉冲击力强，能激起大家的购买欲。

5．视觉化教学短视频形式

有些技能特别适合用手绘、思维导图、操作录屏的方式来展示，你可以用录屏教学的方式讲干货，或者使用手绘、思维导图、手账等形式，它们本身就很适合转化为短视频展示，无非拍摄完成后需要加速一下。

我们团队个人品牌IP营的"编织控舒舒"，就把自己织毛线的过程拍成短视频，再分享给喜欢的朋友，大家很喜欢这种教学小视频。

我们团队个人品牌IP营的"萌萌视觉笔记"，视频号的特色就是让能将任何想法视觉化的萌萌，用视觉笔记画工作思路、画读书笔记、画年度计划，很受欢迎。

如果你擅长干货教学，要打造个人品牌，你要么直接拍干货教学视频，要么学一样视觉化技能，把你的干货用视觉化方式分享出去，顺便拍成短视频。

6.3
你的Vlog视频名片拍了吗

6.3.1　什么是Vlog短视频

有的朋友想打造个人品牌，但真的没有精力天天拍短视频。其实除了天天拍视频、做内容，并争取平台流量推荐的运营思路之外，还有一种通过短视频打造个人品牌的思路，就是拍Vlog。

Vlog是博客的一种类型，全称是Video Blog或Video Log，意思是视频博客或视频网络日志，是博客的变体，强调时效性。Vlog作者以影像代替文字或相片，写个人日志，上传并与网友分享自己生活中的美好片段、心得体会。Vlog最大的特点是Vlog博主亲自出镜，拍摄内容真实，视频中通常没有炫目画面，只有真实的博主和真实的环境。2018年，中国掀起了Vlog风潮，许多明星、"网红"等公众人物利用Vlog记录自己的日常生活，其他用户在观看这些Vlog时，会有一种身临其境的感觉。

根据表现形式，Vlog短视频可以分为以下两类。

1．短纪录片

纪录片是以真实生活为创作素材，以真人真事为表现对象，以展现真实为本质，并用事实引发人们思考的电影或电视艺术形式。短纪录片和纪录片相比，内容、形式相似，但时长更短，一般在15分钟以内。

《日食记》就是一部有影响力的美食类短纪录片，通过记录导演"姜老刀"的日常生活，展示各种美味的料理和点心的制作过程，时长在3～6分钟。李子柒的短视频也是一种制作精良的短纪录片，赢得了全世界粉丝的喜爱。

这种Vlog短视频策划和拍摄成本高，普通人很难驾驭。

2．日常Vlog

Vlog可记录的内容涵盖日常生活的方方面面，归纳起来，目前比较风靡的日常Vlog类型主要有以下六类（见表6-8）。

表6-8　常见的六类日常Vlog

Vlog类型	Vlog内容	Vlog博主代表
励志学习类	记录学习进程，展示学习状态和学习工具等	酸奶iris
情感婚恋类	表白，情侣间的日常互动，领结婚证，举办婚礼等	老婆爱吃巧乐兹
乐享美食类	制作美食，展示厨艺，品尝美食，展示美食等	米粒_mini
旅行出游类	沿途风景、旅途趣事、旅途体验等	房琪kiki
普通日常类	吃饭、休息、工作等日常生活场景	蔡萝莉
开箱"种草"类	展示商品开箱测评过程，分享各类好物等	花生夫妇

6.3.2　如何用Vlog短视频打造你的个人品牌

薇娅入驻视频号后，发布的大部分视频都不是她"带货"的视频，而是她的生活感悟及工作哲学。她把自己工作、生活、聊天、直播、上下班的场景拍下来，配上自己念的文案，表达自己奋斗的人生观。这种通过记录个人生活片段表达个人价值观的Vlog非常受欢迎，其中有多条Vlog的点赞量都超过1万，甚至10万，使薇娅成功地扩大了影响力。

无独有偶，《灵魂有香气的女子》作者李筱懿的视频号也是这种风格，而且更进一步。她让她的"铁粉"投稿，用自己的话讲述女孩的故事，展示不同人的生活，从激发"同频"的人认同并点赞，效果也不错。她的视频号也非常受欢迎。

想打造个人品牌的你不一定适合做一个短视频博主，但你完全可以用视频的方式表达自己的生活哲学，这就是Vlog。

要通过Vlog打造你的个人品牌，你需要养成一些新的习惯，并达到某些要求（见图6-2）。

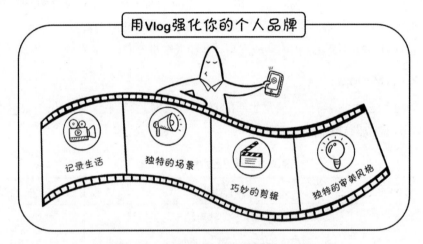

图6-2　如何用Vlog强化你的个人品牌

1．养成用镜头记录自己生活的习惯

你的一次旅行、一次分享、一次互动、一次交流、一次工作会议的内容都可以是Vlog的素材，关键是你要有随时用视频记录、搜集素材的意识。

很多旅游博主都养成习惯，一路用镜头记录自己的所见所闻，然后剪辑成视频分享。但更多的人没有记录自己生活的意识，或者觉得记录生活很麻烦，这样到了要剪辑Vlog的时候，他们会因为缺乏素材而放弃。

像薇娅这样的名人，平时会专门安排助理拍摄、记录，素材拍出来场景多、颜值高、品质好，用于剪辑Vlog就非常方便。薇娅只需要配音，后期剪辑可以由专业团队完成。

2．独特的个性化场景

Vlog镜头中的你，不管讲什么，背景都需要很鲜明，让大家一看就知道是你，是你平时工作、生活、学习的场景，既满足你的"铁粉"了解创作者日常工作和生活的愿望，又通过Vlog巧妙塑造你知行合一，如导师一般的形象，这样更容易激发粉丝的情感认同，使粉丝自发追随。

例如，薇娅的Vlog让大家可以看见她直播的幕后、和名人交流的花絮、在去工作的路上的间隙工作模式，令人感觉非常接地气，一个永远保持良好状态的"奋斗姐"的励志形象就这样自然而然地形成了。

3．巧妙的剪辑

做Vlog，不需要拍一段连续的场景，更不需要一镜到底的技巧，你只需要把积累的各种素材巧妙组织在一起，剪辑成有画面感、信息量很大的视觉语言，配合你的音乐、字幕、声音，让观众进入你要传递的信息场。

所以，Vlog的难点不是拍，而是剪辑。Vlog的难点并不是整理出最美的片段，而是把素材"串烧式"地整合到一起，甚至借助一些常见的剪辑手段，把普通的素材剪辑出大片的效果。

很多人擅长文字表达，但缺乏视频剪辑能力，见过的剪辑技巧太少，所以不得不放弃Vlog这种有效的个人品牌打造手段。

如今，很多年轻人都掌握了短视频剪辑技巧。就像"70后"的人进入职场都不得不学习PPT这样的办公软件一样，你要打造个人品牌，最好主动学习短视频剪辑，或者聘请一个会拍摄和剪辑短视频的助理，而不是因为自己现在不会，就放弃采用打造个人品牌的更好方式。

4．有自己的审美风格

和音乐语言、文字语言、口头语言一样，Vlog的镜头语言也透露了一个人的审美。会拍Vlog的人越来越多，但不是每个人拍出来的Vlog的镜头都有美感。

我说的美感并不一定非要是精致的，也可以是粗犷的，或者接地气的。但是你应该像在进行文字表达一样，让你的镜头语言有鲜明的画面特征，有统一的视觉风格，表现出你的审美品味。

很多人拍摄的Vlog给人的感觉不是混剪，而是混搭，把各种素材随意地拼接在一起，充满着套用模板的痕迹。这就和人们套用模板做PPT一样，缺乏自己的思考。这样的Vlog便失去了灵魂。

一个Vlog博主应该大量观看好的、美的短视频，培养自己的短视频审美能力，拍出来的短视频也应该给人美的体验，这样才能更好地传播你的个人品牌。

6.4
用"爆款"思维做短视频传播

我并不建议大家日更Vlog，这样做的成本很高。大部分人都不是明星、名人，没有那么多素材可以拍摄，也没有专业团队为自己处理文案、剪辑、制作方面的工作。你更需要建立的思维是在开展重要活动时，或者定期出品一个体现你的价值观及思考深度的Vlog短视频，然后把这样的短视频通过多种渠道分享出去，和你的粉丝们互动，让这一短视频的传播效果最大化。

我认为短视频运营的核心是出"爆款"，与其拍每一期都只有100个人点赞的短视频，不如拍一个一次就让10000人点赞的"爆款"短视频。

我认为用日更或周更模式输出高质量的短视频内容，更适合掌握了短视频创作技巧的人，或者有专业创作团队的人。他们完全可以通过不断创作更有趣的内容来让网友追看和点赞，但是对于普通人，或者绝大部分想打造个人品牌的人而言，花费力气去做100个短视频，然后争取等到一个"爆款"，成本是很高的。

对于普通人，要打造个人品牌，一样需要用"爆款"思维做短视频传播。你可以结合自己的重要事件去打造"爆款"，提前精心做好内容策划，请专业人士帮忙操刀打磨，一次拍出足够高质量的短视频，在镜头、文案、配音、配乐方面都足够出彩，让大家觉得看完这个短视频有所收获，也十分感动，愿意点赞和分享。

特别是现在微信推出了视频号平台，大家点赞的短视频会得到算法推荐，也会通过社交关系转发微信群、朋友圈，带来更多人的关注，带来新的社交传播流量。如果社交传播激发了算法推荐，这个短视频还可能成为"爆款"短视频。

你真正应该思考的问题是：

如果要做一场线下的活动，到场几百人，你如何策划一个短视频，让他们乐于转发，而且让没有来活动现场的人看完也有收获？

如果要做一个线上的训练营，几百人一起学习、分享，你如何策划一个短视频，让大家乐于转发，让没有参加训练营的人看完也有收获？

我们过去做这样的活动，也会拍短视频，但那时拍的短视频背后是新闻稿的思维，侧重去报道我们做了一件怎样的事情，这就很难激发参与者的自豪感、现场观众的认同感，可能会有人转发，但无法激起足够的情绪共鸣。

你应该去策划一个让每个人看完都很感动的短视频，让每个人都忍不住扩散这个短视频，把这个短视频变成一个易于传播的种子，通过社交关系去裂变，带来更大的影响力。

很多公司在年会上会播放请专业公司拍摄的宣传片，很多宣传片拍得非常好，很打动人心，但过去这样的视频只是在大屏幕上投影，大家看完有触动，然而就这样过去了。

以后人们完全可以尝试新的年会流程。

（1）入场等待时，在大屏幕上投放短视频。

（2）在微信群里同步扩散视频号。

（3）请大家在短视频评论区点赞，写一年来的感悟。

（4）请大家分享短视频到朋友圈、微信群。

（5）截屏自己的留言到微信群，选出若干个最佳感言，赠送大家都想得到的礼物。

按照这样的流程策划，你完全有可能借助线下活动的氛围、礼物的刺激、主持人的引导，对视频号的短视频进行一次小小的"引爆"，带动大家点赞，把短视频的人气做起来。

不仅如此，如果这是一个系列活动，你可以在每场活动中设置类似的流程，用同一个短视频引导大家互动，借助一次次线下活动，这个短视频会成为高赞短视频，让更多的人看到这个短视频，愿意收藏和分享它。这样做的效果会比不断拍短视频给同一波人看要好得多。

好的短视频，激发大家共同情感的短视频，就好像是大家的一个内部精神暗号，大家会说：原来你也看过这个短视频啊！

有了视频号这个平台，你就拿到了利用线下活动激活社交传播的钥匙。反过来说，如果你参与了线上训练营这样的长周期活动，你也可以用短视频的方式做开营和复盘。

比如秋叶写作特训营，就可以拍摄一个激动人心的开营短视频，通过视频号的形式分发到每一期写作营学员的微信群。详细的操作流程如下。

（1）完成训练营的开营。

（2）在开营气氛较好时分发训练营开营短视频。

（3）请大家点赞视频号，在评论区写下开营学习承诺。

（4）鼓励大家分享短视频到朋友圈、微信群，请朋友们见证自己的学习承诺。

（5）截屏自己的留言到微信群，选出若干个最佳承诺，赠送大家都想得到的礼物。

如果这个视频能一期期地积累下来，大家一看这个短视频有很多人点赞，很多人留言，很多人分享自己的学习成长故事，它就会成为最好的"口播容器"，也成为训练营的最佳广告。

同样，在一期训练营结营时，我们也可以把期间的感人故事、优秀作业拼接剪辑成短视频，配上合适的音乐和文案，这一样可以促使学员点赞和留言，带动我们的品牌传播。

如果你有这种追求爆款短视频的思维，结合你所参与的重大活动，你就可以不求多，但求精心策划，拍出体现你的价值观的短视频，借助每一场线上线下活动进行能量传播，你的短视频一样可以成为"爆款"。

6.5
以视频号为工具，开发品牌传播的新"玩法"

微信说希望未来人人都可以创作短视频，这说明微信看到了未来的趋势，即短视频会成为普通人工作和交流的一种新的媒介。过去它是少数人才能用好的媒介，未来人人都可以用它，它的制作成本会越来越低，应用场合也会越来越多。

对于想打造个人品牌的朋友，我建议你提前把幻灯片转化成短视频，作为自己的日常工具，持续利用、持续传播，而不是把短视频简单理解成一种内容创作形式。

培育自己利用视频号进行品牌传播的四种思维对你打造个人品牌非常有帮助（见图6-3）。

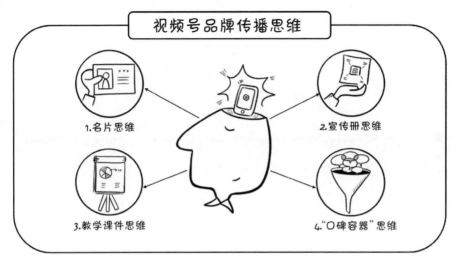

图6-3　视频号品牌传播思维

1．名片思维

你不一定需要拍很多短视频，但你完全可以用Vlog的形式，拍一个或者一组快速展示自己经历、个人特点的短视频。这就相当于把名片短视频化，会比一张简介式名片更有冲击力。

有了微信视频号以后，你就可以把这样的短视频发布在视频号，再设置为置顶，这样别人一进入你的朋友圈，看到你置顶的短视频内容，就可以通过你的视频号名片了解你的过去。

如果看过的人十分欣赏你的视频号名片并给你点赞，你就可以不断被新的朋友看到和关注。此外，在和他人交往的时候，你也可以在气氛合适的情况下，给别人转发自己的视频号名片。

一个视频一分发就得到10万阅读量是很难的，但是如果在一年内，你不断分享自己的视频号名片，扩散给更多的人看，最终使10万人看到你的视频号名片，可能是更可行的选择。

所以，请好好地为自己拍一个视频号名片吧。

2．宣传册思维

很多行业的公司会做产品手册，把自己公司的主导产品做成宣传册，变成详细的说明资料，分发给感兴趣的潜在客户。

其实很多产品非常适合拍视频，视频能让人立刻领会产品的使用方法、特色卖点，比单纯的文字和图片高效且清晰多了。所以你可以给经常要推荐的产品拍一个视频，上传到特定的视频号中，然后用收藏功能把这个视频号收藏起来。

如果客户问到某个产品，你可以直接将视频号发给他看。如果你的产品视频拍得有趣，客户愿意点赞，等于又在帮你做社交推荐。

把产品做成宣传册能让多少人看到，是很难统计的。但是你可以让业务人员把视频发到自己的视频号上，年底统计一下每个人的产品视频阅读量，这样你就能知道谁比较擅长推荐产品，统计起来也很方便。

3．教学课件思维

课堂教学经常用到各种互动技术，其中最常见的一种是案例互动。设想一下，假如你要在课堂上示范一种礼仪，与其费半天口舌介绍场景，或者仅仅展示一幅图片说明场景，不如直接拍一段小视频给同学们看，效果会更好。

过去，这种小视频要么通过投影统一看，要么直接发到微信群里，日后再想查看很不方便。如今有了视频号，你就可以把示范视频放在视频号里面，扫码就可以访问，或者直接把视频号中的示例视频转发到微信群里，大家看完再进入课堂教学讨论环节。这样是不是效率更高，效果更好？

你甚至可以用视频号布置一些开放式的作业，大家直接在评论区讨论，这也是课堂的一种自然的延伸，大大丰富了教学的模式。

把短视频作为教学课件来利用时，你不必纠结于视频的阅读量，只要同学因此享受到了更好的教学服务，节约了教学成本，你就达成了目标。

4．"口碑容器"思维

很多企业或者社群都有一个习惯，请样板用户拍一段视频见证，然后把这些视频分享出去。过去，这样的视频往往用于一场活动、一次分享，然后很容易被遗忘。等下一次搞活动时，又要组织人拍新的。当然，从运营角度看，拍摄新的短视频绝对是有必要的，你不能没有新的案例；但是从用户口碑沉淀的角度看，这样做效率不够高。

有了视频号平台，你完全可以有更好的做法。比如你可以将所有的学员见证视频标上统一的话题，发布在视频号上，这样人们就可以很快搜集到全部视频。

如果我们的训练营产品要求大家都将视频作业上传到视频号，而且要标上统一的话题"#和秋叶一起学"，那么人们一点这个话题，就很容易看到所有学员的作业和好评。

借助话题功能，我们就把视频号变成了一个容器，这个容器可以用不同的话题，分类容纳学员的好评、作业、分享，未来我们只需要在微信群或朋友圈输入话题进行搜索，就能让新朋友快速了解我们的课程情况，这是更好和效率更高的用户见证模式。

所有常规的业务动作，都值得用视频化的思维再思考一遍。经过这样的思考，我们就能意识到人人掌握视频工具后，我们就可以优化业务流程，升级业务模式，让业务具有更多维度的可能性，而不仅仅是思考"为什么短视频没有给我带来流量，没有给我涨粉，没有马上变现"。

为了让短视频成为导流的平台，你从一开始就要做好投入的准备。如果你能让短视频成为提高你工作效率的工具，你从一开始就能变现。

社群力：发现并留住你的"铁粉"

要成为一名成功的创造者，你不需要数百万粉丝。为了谋生，作为一名工匠、摄影师、音乐家、设计师、作家、App产品经理、企业家或发明家，你只需要1000个"铁杆粉丝"。

——凯文·凯利（Kevin Kelly）

问题不是成功的创造者究竟需要1000个还是10000个"铁杆粉丝"，而是从哪里发现他们，怎样吸引他们、留住他们。

要打造个人品牌，培养你的社群绝对能加速扩大你的影响力。好的社群，一开始能聚合"同频"的人，然后能带着大家一起做出有影响力的事情，吸引更多人关注，让更多人加入，从而让你可以带着大家做更具影响力的事情，进入良性循环。

有了社群，你将更容易针对"种子用户"打造出合格的产品，等于节约了研发成本；

有了社群，你将更容易找到合作的资源，等于扩大了流量来源；

有了社群，你将可以提前为营销创意征求意见，等于避免了盲目行动；

有了社群，你将可以借助社群影响力去认识更具社会影响力的人，打开更大的合作空间。

社群不能吸引人来，痛苦；把人拉进来了留不住，更痛苦。

要运营社群，就得理解社群有哪些模式。我认为所有的社群都可以归结为三种模式：以产品为核心的社群，以大咖为中心的社群，以人脉为中心的社群。

7.1
三种社群运营模式，你选哪种

7.1.1 以产品为中心的社群

1. 好玩度高的产品可以做产品型社群

很多人做社群是为了卖货，能否围绕产品构建社群，就成为一个大家关注的问题。对于能否围绕产品构建社群，有一个非常简单的判断方法。

如果你的产品可以带上"控""粉""DIY"这样的词，你就可以围绕产品做社群。

这样的产品可以发展出各种好玩的"玩法"，有的产品甚至形成了IP产品，比如乐高积木。这种产品往往有超级用户，这些超级用户会创造并在社群里分享各种"玩法"，社群里的其他人会觉得超级用户特别厉害，希望自己也能成为这样的人，从而很自然地接受超级用户推荐的好物好货，带货变现也就实现了。

如果你的产品与精油、芳疗、手账、摄影、减肥、健康等有关，你可以围绕这些产品设计很多话题，会有感兴趣的超级用户用各种自媒体进行相关的分享，自然也可以吸引感兴趣的人在群里长期互动。

2．复购率高的产品可以做积分型社群

水果、新鲜牛奶这种产品也可以做社群，这种产品的特点是复购率特别高，因为回头客有优惠。

很多有特别货源的人，把需要持续购买的人组织在群里，定期发起团购，买得越多优惠越多，这样就能把人留在社群。

像不二酱创始人小红红做的超级会员群，会员预存500元货款，就可以加入她的超级会员群。小红红本人在超级会员群里只做三件事：天天发红包，坚持讲段子，认真做客服。她每天会在社群里面分享一些好玩的话题。久而久之，大家觉得不二酱的超级会员群是一个让人开心的群，所以高兴了就去买不二酱，推荐朋友喝不二酱。慢慢地，不二酱的规模做大了。

小红红每年都会找到特别好吃的且平时不容易吃到的好货，免费寄送给大家，大家有一种在群里各种福利都收不完的感觉，会员黏性就特别强。小红红的产品要升级，大家纷纷帮忙出主意。在企业规模小、品牌还不大的阶段，这样的核心"铁粉"是非常有价值的。这其实就是在众筹社群核心"铁粉"的能量：一起做好产品。

3．复购率不高的产品可以做电商型社群

很多人买到了好商品、好服务，会推荐给朋友，大家一起省钱。这种模式很多人都注意到了，他们称之为"社交电商"。

有的人擅长搞定供应链，就做一个小的电商选品平台，把消费频率不一定很高的普通商品整合到一起，等于开了一个线上的百货店；然后组织一群人做百货

店的一级和二级分销商，这种"玩法"也有人叫"社群电商"。

早期这样的平台叫"社区团购"，在不同的小区发展"妈妈团长"。"妈妈团长"需要到平台注册，她们其实就是兼职销售，会从平台上选合适的品类，转发到自己维护的群，请大家一起拼团，从而赚到佣金。最早搞这个模式的是淘宝客。

这些平台慢慢做大以后，会有非常多的产品可以选择，每件产品都标注了分销佣金，支持一件代发。做社群电商的人不需要备货，不需要仓库，不用管配送，可以说只需要注册一个账户，就可以零成本创业。理论上这些平台去掉了中间营销环节，减少了线下店铺投入，打通厂客对接，可以让利消费者，产品拥有价格优势，很容易得到消费者认可。

如果想把平台做大一点，就需要"妈妈团长"发展更多的下级"团长"，也就是发展分销队伍。普通人也会对比这些平台，看谁的产品更好、佣金更高，继而成为这些平台的"妈妈团长"。这些平台一旦做大，就更倾向于发展"渠道代理制"。因为渠道代理制更便于你锁定有能量的渠道、采购金额高的渠道，也就是大社群的"团长"。你可以付给其更高的佣金，与其形成更紧密的合作联盟关系，避免社群做大后，自己培养的社群"团长"被其他平台挖走导致用户流失。

所以平台一定会鼓励普通用户做付费会员，同时激励核心用户做经销商。平台会输出社群品牌，让经销商基于统一的品牌运营付费会员社群，用复购率高的产品做特价活动，留住用户；用复购率低的产品走量，赚取利润，形成一个完整的生态。"妈妈团长"变成长期经销商后，最核心的能力是带队伍做团购，而不是自己去做一对一销售。

如果你能发展一批人成为你的核心代理，按照公司设计的统一套路进行推广，马上就能放量，做大销售额，围绕产品供应链组织活动，借助社群提高电商推广能力，用"社群会员制"做流量池，用"超级团长"培育推广渠道的商业生态。

一般来说，以产品为中心的社群运营模式是不收费的，而是靠产品复购营利的。以产品为中心的社群，本质上需要的是不同能力的推销员。

7.1.2　以大咖为中心的社群

大咖是在某个领域拥有专业公信力的人，这样的人为了维护自己的公信力，会爱惜羽毛。大家一旦认可这个人在某个领域的公信力，就会信任他在这个领域的推荐。比如我推荐图书或课程，就容易得到大家的信任。

一个人一旦成了大咖，就可以吸引愿意追随、学习自己的人，这个时候大咖就很容易通过办付费学习营的方式做收费社群。这也就是"名师模式"，名师要做社群，基本上就是开班授课，放在网上就是付费学习营。不同的老师无非是势能不同，影响力不同，覆盖人群的购买力不同，产品的价格也不同。

名师要办付费社群，核心是做好产品体系，实现滚动开班。第一期课程招生时，相关人员就要做好后面几期的开班准备，尽早积累人气；每一期都要把口碑做好，吸引更多的人来学习，这样慢慢地就把付费社群做起来了。很多人做付费社群，第一期课程的确不难招生，但做第二期、第三期时就易缺乏对流量的长远规划，往往第一期结束，他们就很难招到学员，陷入被动。这相当于一次性变现了过去的人脉积累，之后难以为继。

有的大咖不喜欢自建社群，一是觉得日常运营负担太重，自己太累；二是不太喜欢社群里面这种你一言我一语的氛围，而是喜欢独自思考。这种大咖更适合去别人的社群做短期分享，拿一次性课酬，顺便"圈粉"，扩大影响力，推广自己的自媒体、图书或线下课程。

去别人的社群"刷脸""圈粉"，对大咖的分享能力和专业素养有很高的要求。讲得好，就"圈粉"；讲得不好，就丢分。

大咖影响力大到一定程度，还可以为别的社群的活动站台，或者在自己社群的线下活动中，允许品牌方付费冠名。

想运营付费学习营，推荐大家看一看《社群运营实战手册》中讲到的技巧。我认为，其中最重要的是以下三点。

1．一开始就要搭建长期的运营团队

大咖做付费学习营，是因为有"铁粉"认可、追随，只要不追求做大规模，做好服务，每一期的招生压力不会很大，关键是培养一个靠谱的运营团队。没有一个稳定、长期的运营团队，大咖既要做产品、做市场，又要做服务，会不堪重负。运营团队不稳定，运营经验也得不到沉淀，最后产品很难标准化，时间长了，产品就会被竞品超越，慢慢被淘汰。

运营团队一定要考虑人才的持续培养，让新人可以成为下一期核心运营力量的重要补充，这样才能让社群持续运作。

2．要持续扩大大咖的影响力

大咖在某个领域的专业影响力越大，就越容易得到推荐，带来新学员，从而

使招生难度下降。这样，大咖自己也可以投入更多精力打磨产品，进一步巩固自己付费学习营的口碑。

大咖必须到处"刷脸"，比如写自媒体、出书、办签售会；又比如到处做分享、做直播，向更厉害的人学习，持续扩大自己的能量圈。因此大咖需要一个非常好的经纪人，给他链接好平台、好资源，让他可以多露脸、多出镜，扩大影响力。

3. 使大咖有温度

大咖当然得在某个领域建立一定的专业形象，写专业文章，做专业的直播、分享等，毕竟专业是最好的"种草"。但有专业水平的大咖很多，他们不一定都去做社群。擅长走社群路线的大咖，往往让人感觉很有温度。一个真正让人喜欢的大咖，其实也会有很多有趣、亲民的特质，而不是只有一个专业标签。

如果一个大咖人品好，擅长在社群里和大家互动、交流，平时也真的关心社群里的普通人，就容易得到大家的信任。这样的大咖容易"吸粉"，到哪个群都有"铁粉"，更容易扩散自己的能量。

如果你现在不是大咖，你可以选择先做大咖团队里面的人，通过努力帮大咖扩大影响力，让自己成为大家眼里的中小咖，从而获得更多发展的可能性。像做"Momself"社群的崔璀老师，原来就是吴晓波老师的助手，现在已开始独立发展了。

7.1.3　以人脉为中心的社群

加入公益社群的价值是什么？其实是扩大人脉。

人其实愿意认识"同频"的人，一起做公益有助于人们观察彼此是真诚的想帮助别人，还是沽名钓誉，从而了解他人的人品，寻找后续合作的机会。这个潜在价值其实是很大的，适合有一定社会地位的人去做。

所以有的社群不是为了卖东西，也不是为了学知识，而是为了认识"同频"的人。

要想筛选出"同频"的人，以下三个办法比较有效。第一，付费筛选，价格是最好的筛选器；越是顶级社群，缴纳的费用越高。第二，内部推荐，由认同社群的人推荐进入，有助于很好地维持社群的文化认同感。第三，任务筛选，比如要求申请入群者写一封长长的自荐信，说明自己为什么要加入，而不是简单地写个自我介绍就能入群，用比较复杂的任务来判断一个人是否合适。

做一个高端"同频"人脉社群，其实很花精力、花时间，后续还要做好人和人的链接服务，线下接触的活动不能少，这样运营成本也很高，所以需要收取一定的费用。

以人脉为中心的社群（简称人脉社群）的变现模式不一定是卖产品、卖课程，还有着更多的可能。

第一种人脉社群变现模式是众包能量。

比如企业家社群，平时大家互相走动，建立了对彼此的认可，遇到事情互相帮助，共渡难关，这种故事我们听得很多。

秋叶写书私房课就是一个高能量的社群，不管谁出了书，大家都互相勉励，发动朋友购买支持，你一本，我一本，为同学新书上榜贡献力量。

这些事情体现了众包能量，如果安排专职人员做，成本很高。但有了社群，做这些事情成本就很低。

第二种人脉社群变现模式是创意孵化。

比如，你在社群里请大家一起帮忙想好点子，然后把好点子孵化成产品。当然，征求好点子的人也会用悬赏金激励大家。

需要注意的是，得到好点子，把好的点子孵化出来，要求社群里面的人有才华、玩得来、彼此了解，这样才能碰撞出好创意。

企业培育一群产品"死忠粉"，然后了解大家在产品代言、营销创意、地面推广方面的看法，汲取大家的创意，或者把自己的创意公开在群里，观察大家的反应。如果效果不好，企业可以提前修改，避免投放市场后出现问题，那样代价太高。

当然，企业家倾向于开内部复盘会，搞线上私董会，交流做生意的灵感，这是高端人士进行创意孵化的方式。

第三种人脉社群变现模式是能量互换。

如果一个社群都是有能量的人，把大家组织起来见面，大家就可以谈成合作，或者一起跟其他有能量的社群合作，做一些更有挑战的事情——这就是资源整合。

比如，我们个人品牌IP营经常组织同城营员做线下活动，只有不同能量的人聚在一起，相互认识和交流，才能完成能量互换。这也是为什么很多人愿意加入高端人脉社群。加入高端社群，不只是便于学习，更重要的是，链接到一个对的人，就会打开一个世界。

在高端社群，有主动链接意识的人一定能有所收获。很多人第一次加入高端社群，担心自己太主动会让别人有看法，结果看到链接的机会时畏首畏尾、患得患失，反而浪费了机会。

第四种人脉社群变现模式是生态孵化。

现在很多人想写作，但是没有投稿渠道，写好文章也发不出去。所以一些有投稿渠道的人建立了写稿群，拉写稿能力合格的人入群，分享约稿机会，谁的稿子好，谁上，上了就发稿费。这样就形成了一个生态圈子，这个社群不需要收费，还能给大家带来赚钱的机会。在让大家赚钱的同时，组织者也以低成本解决了内容来源的问题。

类似的圈子很多，比如广告投放圈、人力猎头圈、理财投资圈，不同的圈子适合不同类型的社群，大家在群里形成一个小小的生态圈。

比如，邻三月的社群运营官特训营每一期都会引入企业或招聘平台合作，特训营结束后就会给大家对接工作岗位，大家有望学完就得到上岗机会。这样社群给平台提供人才，平台给企业解决人力问题，大家看到就业方向，整个生态链条打通，社群运营官社群的价值于是得以持续不断地体现出来。

以产品为中心的社群，产品多了，管理起来很复杂，但是有机会做到很大的规模。

以大咖为中心的社群，业务很简单，可以小而美，适合有专长的人。

以人脉为中心的社群，更看重长期合作价值，而不是一时一地的得失，适合有实力的人。

这三种模式并不彼此排斥，而是可以互相转换的（见图7-1）。

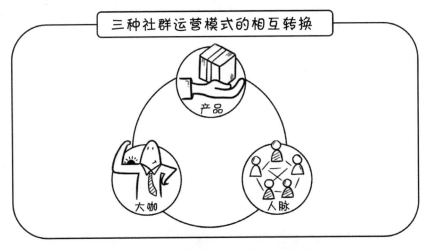

图 7-1 三种社群运营模式的相互转换

（1）产品—人脉—大咖。"可玩度"高的产品的社群，往往有超级用户。比如在手账主题的社群，很多人一开始就是手账玩家，玩着玩着就爱上了，成为超级用户。会分享的超级用户会慢慢成为别人心目中的好老师，很多人除了信任他推荐的产品，也信任他讲的课，慢慢地，他就可以成为小圈子里面的大咖，也可以开课，做付费学习营。

（2）大咖—产品—人脉。在大咖社群，大家对大咖产生信任后，大咖给大家推荐专业相关的好物好货，大家不反感，甚至推荐自己喜欢的其他用品，大家也会认账。所以大咖社群规模大了，如果运营者有想法的话，一定会做社群电商。一旦开始做实体电商，不积累人脉都不行，因为供应链一长，各个环节都需要协调，你不认识一些事业上的长期合作伙伴，也做不好生意。

（3）人脉—大咖—产品。如果你事业成功，很多人会希望借助你的平台发展，你将发现，你可以在学员社群的基础上做人脉社群，发展更多可能。

以人脉为中心的社群，同样需要灵魂人物来分享，讲多了，灵魂人物又有"江湖地位"，大家会主动请他开线下课，主动教学费，主动帮灵魂人物带货。

虽然三种社群运营模式可以相互转化，但是社群的核心基因模式很难改变，你只能在自己特长的基础上衍生出其他运营模式，但是归根结底还是看你擅长的是运营产品，个人品牌，还是商业资源，这一点决定了你真正擅长的社群运营模式是哪一种。

7.2
不要盯着流量，而要留住人

想打造个人品牌，一开始就要想办法把人留在社群。如今，让别人关注你的自媒体，并不一定能使信息触达别人，因为你的文章、短视频很有可能没有被算法推荐给订阅用户，他们根本没有看到你的内容。如果你想和用户保持长期的联系，做社群是必然的选择。

留在微信群里的人不是私域流量，只有可以反复触达这些人的活跃微信群才有可能是社群。那么如何构建一个社群呢？

7.2.1　为你的社群想一个好名字和好slogan

社群名称是最重要的社群符号，会给别人留下对你的社群的第一印象。比如我的社群"秋叶书友会"，大家一听就知道这是一个爱读书的人的圈子，以书会友。

社群取名的方式有三种。第一种是围绕创始人的名字或者核心的产品取名，比如"吴晓波书友会"、"秋叶书友会"、万能的大熊的"大熊会"、小米的"米粉群"、华为的"花粉群"。第二种是从目标用户着手，想吸引什么样的用户群体，就垂直地取与这个群体相关的名字，如"拆书帮""爱跑团"。第三种是用社群理念取名，比如王潇的"趁早"，李筱懿的"香蜜会"，邻三月的"橙为"。

社群slogan传递的是一个社群的价值观，我把这种价值观称为社群文化。slogan作为浓缩的精华，是体现社群文化的最佳载体。

有了社群名字和slogan，你还需要做好社群logo和slogan的视觉设计，特别是线上直播间和线下活动需要的背景墙、文化衫、伴手礼、道具板、纸袋、群旗、胸牌……

社群有了统一的名称、统一的 slogan、统一的logo、统一的视觉设计，就能形象化、标准化，从而对外呈现具有冲击力的视觉效果。

7.2.2　为你的社群准备好的招募文案和推广海报

要吸引别人加入你的社群，你得写一份好的社群招募文案，告诉别人你的社群定位、社群适合的对象、已经加入的成员、社群提供的服务内容、准入门槛、需要支付的成本。好的招募文案可以快速吸引大家加入你的社群。

社群准入一般有以下四种模式，当然，严格的社群可以混合四种模式。社群一定要设立门槛以保证质量，这样也能让加入者由于"付出感"而格外珍惜这个社群。

（1）邀请制。小圈子一般选用邀请制。

（2）任务制。完成某一任务后方可加入。

（3）付费制。付费成为社群会员。

（4）申请制。像申请工作一样经过考核后加入。对有意愿加入的人，社群可以开办一个预备营进行观察和考核，符合要求者才可以正式加入社群。

在配套社群招募文案方面，社群还应该准备一份关于入群常见问题的答疑文档，随时可以用于解答新入群群友的疑惑。

现在的社群越来越依赖朋友圈推广，在朋友圈推广时，推出有视觉冲击力的海报，带动大家看详细文案也很重要。常见的海报有创始人金句海报、社群slogan海报、社群招新海报、社群大咖邀约海报、社群开营倒计时海报、社群开营海报。

短视频时代，社群还可以推出一组相关短视频，用视频的形式吸引大家加入。

7.2.3 设定你的社群运营规则

社群要运营好，必须制定一套符合自身气质且能长期执行的运营规则。制定好规则后，可以先在一个群验证其可行性，然后进行复制。

1. 确定运营平台

我建议如果你有一些已有一定规模的社群，可以优先选择企业微信平台做社群运营主平台，或者用普通微信群。

要做大社群，你就必须深入研究企业微信的使用方法。企业微信群最大的好处在于它就是一个客户关系管理系统，又和个人微信互通。借助企业微信运营社群，可以给用户"贴标签"，从而做好用户分组管理，借助人工智能进行客服工作，提高服务质量。而且，企业微信的直播功能、群管功能进化得非常快，对提高社群运营效率大有裨益。

2. 设置入群规则

要让入群的群员看到、感受到一系列入群仪式，你才能造就有向心力的社群。

（1）告知规则。入群前安排专人进行资料审核，并告知社群的定位和运营模式，避免群员进入社群后对社群的主要安排一无所知或者一知半解。

（2）信息采集。在招募阶段完成群员信息采集，录入客户关系管理系统，是特别重要的事情，因为这一阶段大家提供信息的意愿最强，收集完整信息的可能性最大。

（3）设置群公告。现在群都有群公告，可以在群公告里写清楚新人入群须知（比如改名等）、群规、群福利、群后续活动安排、如何关注群内消息，避免群员遗漏重要通知。

（4）分批入群。很多社群喜欢一下子把人张罗起来，一下子让很多人进群，看起来群很热闹，但是这样一来，正式活动开始前的那段"空窗期"，不安排活动也不好，安排活动又会增加成本。

其实社群可以控制群员一批一批地进入，这样，先来的人看到不断有新人进入，会觉得自己来对了，还能主动对后来者进行帮助。后来的人看到有很多先来的人，也会觉得自己来对了，还会感谢先来者的帮助，顺便把这种互帮互助的文化传递下去。

（5）引入大咖。如果会有大咖加入社群，可以在大部分普通群员都已进入时邀请大咖加入，并郑重加以介绍，请大家欢迎大咖入群，这样，大咖得到了充分的尊重，普通群员也有机会充分了解并认同大咖，对社群更加有认同感。

（6）设置欢迎官。当大咖进群时，即便不引导，也会有"眼尖"的群员看到并指出，不缺热闹氛围。但是普通人加入社群，如果没有任何人搭理，就会觉得失落。所以我们可以设置一个"欢迎官"的助理职位，负责在新人入群时主动欢迎，并分享新人的个人资料，吸引大家关注，这能让新人入群后感到被重视、被认可，从而喜欢社群。

（7）开营仪式。如果群员差不多都入群了，那么社群可以安排一个开营活动。在开营活动上，可以安排营长发表感言，请老群员分享自己的成长感受，与大家一起讨论并颁布群规。

（8）介绍群规。一定要给群员介绍群规，使大家达成一致。群规就是告知三种行为：鼓励的行为、不提倡的行为、禁止的行为。

社群的群规设计应该以有助于"三多三少"为原则，即多赞美、多鼓励、多表扬，少批评、少指责、少对抗。

3. 制订运营计划

在社群建立后，社群运营负责人要做好每周、每月社群活动的排期和实施。

社群的运营内容可以包括如下内容。

介绍成员：轮流展示每个成员的简历信息，鼓励大家互相链接；

干货分享：分享大家感兴趣的文章、视频等；

在线交流：可以约定统一的时间，也可以随机就大家感兴趣的话题进行讨论；

大咖分享：组织大咖谈谈对大家有帮助的话题；

线上会诊：针对社群共性或个性的问题，请专家和群员进行线上会诊；

资源对接：让群友推介自己的产品或认识的大咖，给群友内部资源或福利优惠；

直播连麦：组织大家用直播的方式互动交流，互相带入新流量；

社群活动：组织线上社群联欢、线下聚餐、聚会、学习、游学等多种形式的活动，以增强群员的联系；特别是可以组织主题活动或巡讲，或者举办社群年度活动，扩大社群的影响力；

信息通报：每天汇总群内的优质信息，方便时间紧的群员节约"爬楼"时间。

为了保证运营计划的落实，运营负责人还要做好运营团队的培养。

运营团队可以分为核心运营团队和网络小助手团队，前者对社群运营的质量负责，后者主要由认可社群的活跃成员组成，协助核心运营团队承担一部分运营工作。

对于一些适合做运营但对之不甚了解的人，你可以建立观摩团制度，让他们提前加入运营小组，提前观摩后台运营工作，并在大群中调动他们配合的积极性。

每次社群重要活动结束，相关负责人都要及时在群内交流感受，点评每个人的工作贡献，征集改进建议，提出优化方向，给予额外小福利。

一个社群运营周期结束后，要归档社群资料，做好成本核算，评估社群运营效果和投入产出比。

7.2.4 持续进行社群新人招募

社群成立后还需要持续进行社群新人招募，以扩大社群的影响力。社群新人招募主要有以下三种形式。

1. 社群品牌输出

所谓社群品牌输出，对内要建设社群的品牌自媒体，分享社群的理念、活动、成员介绍文章或视频，在多平台分发，带动更多的人来报名加入社群。

随着社群影响力变大，社群一定要建设自己的品牌自媒体，让社群成员有一个共同的交流阵地。

对外则要打造社群的品牌活动，让更多的人在社群成员的邀约下，一起参加社群的线上或线下活动，感受社群氛围，吸引大家报名加入。还可以由社群创始人或者社群骨干邀请别的社群共同举办活动，以吸引新人加入社群。

你不仅应该在自己的社群自媒体内分发社群信息，还应该主动去知乎回答相关问题，在豆瓣小组等互联网平台分发与社群主题有关的内容，日积月累，必能带来流量。

社群品牌输出应该变成社群运营的日常工作，持之以恒地做，这样一定能持续获得新流量。

2. 社群裂变

社群裂变意味着要策划有吸引力的活动，包括有吸引力的福利，让社群成员一起转发、扩散社群活动海报，吸引用户扫码加入临时微信群，在微信群里参与活动，借此带动目标人群加入社群。

通过社群裂变吸引新人进群包括以下五个关键环节。

（1）引爆点设计。设计有吸引力的活动，提供福利，让大家愿意转发和参与。

（2）裂变海报设计。设计视觉冲击力强、文案记忆点突出的海报，吸引大家报名裂变活动。

（3）扩散文案设计。设计朋友圈和各种自媒体的文案，方便社群成员传播。

（4）运营销讲设计。针对裂变用户进行活动服务，安排线上或线下销讲，吸引大家入群。

（5）二次传播设计。裂变结束后，做好活动二次传播的文案和海报，放大裂变效果。

3. 社群分享

社群创始人和核心社群骨干应该准备一系列有关自己社群的分享主题，做好分享大纲、海报、讲师介绍，主动推广到不同的圈子，进行各种线上和线下的分享。他们可以通过在不同圈子进行线上微信群分享、线上直播、线下沙龙、线下讲座，持续扩大影响力，将影响力覆盖到不同的圈子。

如果分享的质量高，分享活动流程组织有效，就能通过一场场分享吸引他人关注，使他们成为你的社群新流量。

7.3
为你的社群设计可持续变现的产品

很多人先做社群再考虑变现，想着等社群做到一定规模再讲别的，好像没有规模，卖什么都没有价值。他们的策略是"先免费再收费"。我认为这样做是不对的。

普通人总是先考虑做容易的事，然后做难的事。但是，要让一件事持续发展，你应该一开始就考虑难的事，想清楚其架构，然后将这件事分解为一步步的小目标，便于你一步步努力，而不应该想"先把简单的做了，难的自然就好做一些"。

很多社群难以持续运营的原因是组织者没有从一开始就想清楚社群的变现模式。大家因为某种共同的价值观或愿景加入社群，很快，人越来越多。但是大家都习惯了免费服务，等组织者真的需要收费时，不是发现社群成员付费意愿很弱，就是发现收取的费用很难维持社群的可持续运营。

我们2018年底开始做"秋叶书友会"的时候，采用的模式是"只要你有书，就可以来参加共读活动，书从哪里买的无所谓"，所以很多人来参加，一期最多有2000人参加。为了服务好这2000人，我们安排了4个全职员工；为支付其工资，我们的成本压力很大。

如果前端不收费，那么我们应该想办法吸引共读的学员报名后端的高价课程，争取盈亏平衡。但一开始我们也没有设想一定要将参与共读的学员转化成后端课程的学员，只想着做好服务，他们自然会报我们更多的课程。结果这些学员大部分的确很喜欢我们的氛围，一部分会报名我们的课程，另一部分会继续跟着我们参加下一期的免费共读，对我们来说，收入还是很少。

这样一口气运营了一年，我们内部复盘，认为共读的投入产出比太低了。作为商业项目，这样做肯定是有问题的。所以我在2020年推出99元的新书共读活动，参加共读的人一起读一本书，书从我们这里寄过去。如果有人已经买过这本书，还想参加，多出来的一本送人就好，价格不打折。

而且我们每一期活动都就着一本书坚持读，这样就使得每一期活动都能有新人来参加，不断做大流量池；而不是同样的一群人一直读不同的书。我们还开发了"写作特训营""个人品牌研学营""图书变现营共读活动"等产品承接，放大用户付费的价值。

这样，哪怕只有10%的用户愿意选择付费，我们的整个项目就可以盈亏平衡，然后才能探索其他的合作模式。如果不这样做，即便这个项目的初心再好，运营团队的小伙伴也会因为看不到收入增长的可能性而放弃，你一个人很难走到最后。

还有人觉得"只要我的社群卖的东西比别人便宜，就一定好运营"，这也是有问题的。便宜能吸引别人买你的产品和服务，但便宜也意味着你的服务质量很难上去，因为提升服务质量需要支付成本。项目更多依赖社群创始人的热情，一旦个人状态有起伏，社群的运营质量就会出现很大波动。

你应该追求与同类社群服务的差异化，争取让大家觉得在这个社群得到的体验是无法在别的项目、别的社群中得到的，这样他们就愿意跟着你走得更远。

当然，变现模式可以是免费运营，通过卖货得到回报；也可以是先做免费体验社群，再加入付费项目，或是先用免费的方式积攒一定的人气，然后提前宣传付费课程，当社群发展到一定规模就启动第一期付费课程。总之，有了变现的终极目标，你才能更好地将社群项目持续运营下去。

7.3.2　不是一个产品，而是产品矩阵

很多人个人品牌有了一点点起色，就想做付费社群变现。他们很容易盲目模仿别人的收费模式，根本没有想清楚别人"打法"的本质。

比如很多人推出付费社群，一年365天，就收365元。我猜这是对标樊登老师的"樊登读书会"，一年收费365元。但樊登老师"买一年送两年"，人家真正的成交价不到365元。更重要的是，樊登老师的"打法"有规模效应，他虽然收费不高，但一年可以收入几亿元。凭借着规模效应，他可以分摊很多运营成本，更重要的是，他借助樊登读书会构建了一个强大的渠道体系，可以分销更多的课程和线下产品。

樊登读书会不是一个产品，而是一个产品矩阵。樊登读书会会员不过是一个导流产品，一个用于维系渠道日常运营的基础产品而已。

很多人的付费社群的全部收入就是付费会员收入，没有后端产品，也没有给渠道的分佣空间，等于把自己过去的好人缘一次性地集中变现了。从第二期付费活动开始，社群规模滚动运营会越来越难。

你应该一开始就像《个人品牌7堂课》"产品篇"中讲的那样，考虑整个产品矩阵的设计。

（1）导流产品。用于吸引新用户来体验你的社群，自媒体也是一种导流产品。

（2）变现产品。可以让你的社群运营团队持续运营下去的真正盈利的产品。

（3）增值产品。给深度社群用户的增值产品，可以为你带来更多利润。

以秋叶团队的个人品牌类产品为例，我们团队设计了一个导流矩阵（见图7-2）。

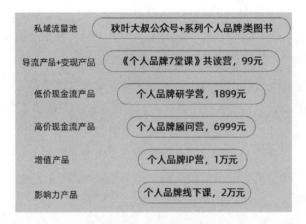

私域流量池	秋叶大叔公众号+系列个人品牌类图书
导流产品+变现产品	《个人品牌7堂课》共读营，99元
低价现金流产品	个人品牌研学营，1899元
高价现金流产品	个人品牌顾问营，6999元
增值产品	个人品牌IP营，1万元
影响力产品	个人品牌线下课，2万元

图7-2　以秋叶团队的个人品牌类产品为例的导流矩阵

有了这个导流矩阵，我们就可以构建一个销售"漏斗"，让不同学习阶段的用户可以选择不同的产品，一个阶段学习完可以选择下一个阶段的学习产品，最大限度地获取流量。

7.3.3　不是"卖卖卖"就够了，而是让大家帮你卖

要把社群进一步做大，你必须考虑采用社群电商模式。

也就是说，你必须构建自己的产品供应链，让社群成员在认可你的产品的基础上，成为你社群的系列产品分销员，从你一个人战斗到一群人为你而战。

我们通过共读产品积累了一定学员后，也面临一个问题：如何留住认可我们

的学员。所以，秋叶书友会推出了书友会小店，为书友争取到了最大的折扣，例如某些出版社的单本图书一律六折包邮，大部分时候购书成本低于京东和当当。这样，学员即便是在共读结束后，也可以成为秋叶书友会的书友，直接买书。

如果买书达到一定的金额，比如199元，书友还可以享受更多的优惠，或申请成为秋叶书友会的分销员，通过分销图书或课程给其他人，赚到更多的收益。

如果我们不打通这个模式，那么社群成员在学习的新鲜期过去后，就会流失。我认为，要把人留住，最好的方式还是打造一个大家能重复消费的供应链平台。你带着大家一起"买买买"，就能扩大规模；有了更大的规模，你就可以去争取最高的佣金或者折扣空间给你的社群成员。

你的社群成员发现在你这里买书特别便宜，这有助于培养成员的黏性。借助电商平台的用户管理功能，借助图书上新的机会，你又多了触达和激活用户的新方法。

当然，这也对社群运营者提出了更大的挑战：你必须从管理一个社群转向更宏观的供应链管理。这对团队能力、人才结构、运营模式提出了更高的要求。

另外，如果不能从社群中发掘一批厉害的人帮助你一起做大，你就永远无法理解"一个人走得快，一群人走得远"的含义。

7.4
让你的社群保持新鲜感的方法

7.4.1 你足够"潮"，社群就有新鲜感

曾有人评出"最讨厌的社群行为"排行榜：

（1）群内不停地有广告出现。

（2）群内负能量、抱怨居多。

（3）群主发红包，但是每次都是一分钱红包。

（4）运营人员响应慢，答非所问。

（5）不分时间段发各种信息，影响工作。

（6）大事小事总@所有人。

一开始，大家对社群的预期都很高，不管你怎样运营，大家都会积极配合，社群活跃度都很高。但是过了一段时间后，大家对社群的新鲜感消退，很多人开始不再说话，社群趋于沉寂；或者大家把这个社群当作打广告的地方，认为"因为这个社群没什么价值了，我还不如发一轮广告"。

作为一个社群的创始人，你需要了解社群成员的真实需求，围绕真实需求去找满足他们需求的产品和服务，还有商业信息。你要不断复盘社群用户画像，分析社群成员的爱好是什么，对什么话题感兴趣，平时的消费习惯是什么，对哪些产品有需求，你可以去哪里找到这样的产品和服务，能否给大家谈好团购价，为大家争取福利等。

如果你总能不断为社群引入大家期待的新产品、新服务、新知识，那么大家就会觉得社群服务是到位的，加入社群是值得的。

过去，很多社群把大咖分享当作保持群活力的手段，但是现在几乎每个群都在做各种分享，大家比的其实不是群内有没有分享，而是群内的分享有没有新鲜感和实用性。所以，你真正要评估的是大家期待请怎样的人来分享，或者希望来的人分享怎样的话题，什么是社群内的朋友真正期待的，而不能因为嘉宾熟悉某个分享主题，就让他分享这个主题。否则，虽然便于嘉宾准备，但是对社群成员来说，分享的内容不一定令人期待或惊喜，渐渐地也就没有人来听了。

运营一个社群，最怕很多动作都被标准化了。我认为，动作的确需要标准化，但动作涉及的内容要不断迭代升级，用各种方式刺激用户，使他们惊喜。比如，很多群的群公告自发布后就一成不变，哪怕群活动已经结束了，群公告显示的还是半年前的通知，那么新人入群时就会感觉这是一个死气沉沉的群。所以，群公告最好每半个月更新一次，在群公告里植入令人惊喜的"彩蛋"，这样大家才会觉得这个社群运营得很用心。

要努力让社群有新鲜感，除了提高社群日常运营的质量，多办线上线下活动，培养社群成员之间的信任之外，你还需要记住一点：如果你的社群总是第一时间分享大家感兴趣的新"玩法"、新技能、新观点，大家就会愿意在社群里活跃。

所以，社群创始人要花费时间去学习新知识、新技能、新模式，并分享到群内。而且这些分享的内容一定要是可以启发大家做好自己的业务或者工作的东西，这样大家才会觉得加入这个群获得了超额收益。

在个人品牌IP营，我们专门安排了一个"知识搜集官"，他负责在全网搜索大家可能会感兴趣的文章，把这些文章打包分享，每周两次；然后把文章链接上传到"知识星球"，方便营员有空时查看。

我们还会第一时间告诉大家一些新媒体的最新"玩法"，比如视频号。在这方面，我们同样安排了专人跟踪平台的各种变化。只要一出现新功能，我们就会第一时间发布到个人品牌IP营，让感兴趣的小伙伴马上去体验，抓住风口的红利期。

我认为，一个人如果经常获取新鲜的一手信息，了解大平台的第一手动态，这有助于打开他的视野格局。社群应该为自己圈子的人提供类似的服务。当然，一些"妈妈群"是否需要这么多商业信息，答案是"不一定"。对这类社群的成员来说，新鲜的信息也许分为以下三种。

"有趣味"的信息：好玩的文章，好玩的段子，生活化、接地气的吐槽，这些也是大家喜闻乐见的。

"有启发"的信息：不一定是"干货"，有关小孩教育、身体健康、投资理财、衣食住行等方方面面的信息都可以让社群用户觉得有收获、有启发。

"有实惠"的信息：内部福利或层出不穷的新鲜福利。

总之，社群不能变成一个按部就班运营的组织，否则就和人们每天上班的地方没有区别，大家为什么要在一个公司赚钱，然后去另一个公司花钱、打卡"找虐"呢？

7.4.2 让社群保持活力的七种方法

我建议大家采用以下七种方法使社群保持活力（见图7-3）。

1. 多送福利

社群的福利包括互发红包、互赠礼品、团购折扣和优惠，还有内部兼职工作机会。福利多的社群大家都喜欢，但需要运营者进行系统化构思，在成员体验和成本之间找到平衡。

2. 赋予老成员更多权利

为群里经常报名、活跃度高的老成员提供积分头衔，可享受专享服务、定制礼物。这样的做法会让老成员感动，提升对社群的认同感。

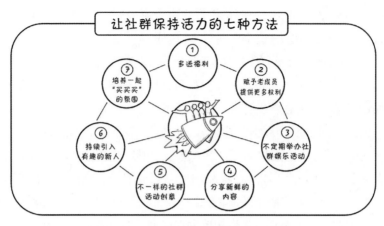

图7-3 让社群保持活力的七种方法

3. 不定期举办社群娱乐活动

人都喜欢好玩的地方。分享、会诊、问答、链接，对很多人来说负担太重、太令人劳累，或者时间、空间上不允许，但你可以组织一些轻松的社群游戏。比如，大家对发红包都没有新鲜感，但你可以发带有趣、幽默文案的红包，发抢到了就要参与游戏的红包；或者发一个唱吧红包，要领红包就得唱一首歌，抑或发一个问答红包，要领红包就得回答问题。

对联、猜谜、唱歌、段子、晒图、分享美食的照片、云直播群友聚会，这些都可以让社群有人气，加深情感联系。你不但应该做这些，而且应该用最新的工具、最新的"玩法"带着大家一起做，这样大家就会觉得群里好玩，还能学到新"玩法"，去自己的群里玩。

4. 分享新鲜的内容

好的内容不只是网上的"干货"文章，更包括成员的真实成长经历、自我复盘后的深度认知、去不同地方游玩后的新见闻、个性化爱好背后的"神技能"……这些都是大家喜欢的内容，可以让大家在一个群里看到不同的人、不同的世界、不同的思考方式，觉得社群特别有价值。

5. 不一样的社群活动创意

社群里可以天天打卡，但每次打卡能否玩出新花样？比如，同城社群打卡时能否附带新闻、天气或出行提醒，带一些便民性质？兴趣社群打卡时能否通报某个共同目标的进展？

每天交流新鲜的话题，拍卖群友闲置的物品，下午休闲时间搞群沙龙聊天、放松……只要你的"脑洞"够大，群里的活动方式可以无穷无尽。

爱学习的社群可以一起读一本书，爱玩的社群可以一起旅游，这些都是很好的模式。

6. 持续引入有趣的新人

社群如果不经常引入新人，就会慢慢沉寂。社群要经常引入新人、介绍新人、让老人欢迎新人，才能活跃社群的氛围。新人在介绍自己、晒照片、秀才艺、发红包、送福利的同时，就把社群激活了。"颜值"高的、会说话的、有才艺的人，都是激活社群的"神器"。

7. 培养一起"买买买"的氛围

如果一个群的人喜欢买东西，这个群的氛围一般都不会差。成员喜欢一起"买买买"的社群，氛围都是怎样形成的？在群里"种草"前，你一定要培养好"种草"的土壤。

你要提前营造好氛围。平时多聊吃的话题，社群成员才会有一起买食物的氛围。"吃货"群经常聊吃，必然可以从一起买吃的聊到一起去减肥。常聊明星的社群就一定可以聊到如何变美。

7.5
知行合一才能长久相伴

做社群不一定需要社群创始人有影响力很强的个人品牌，但社群做出影响力以后，一定会为社群创始人带来一定的个人影响力。

成功打造出个人品牌的人不一定要做社群，但拥有个人品牌一定会给你做社群带来更大的便利。

很多社群做出规模后，大家反而会对创始人产生一定的失望情绪。主要的原因就是大家觉得社群创始人说得很好，但做起来是另外的感觉。大家一开始是冲着美好的初心来到社群的，但最后感觉还是要发展大家去拉下线、拉人头、卖东西，就觉得社群变味了。在一些社群，如果群员不愿意参与商业活动，还会被排挤。

我并不认为社群商业化有问题，反而认为社群不搞商业化，就没有持续运营的基础。但是很多社群创始人在社群商业化的过程中，采取了"画大饼"、虚假承诺的方式，让大家抬高了预期，又很难实现大家的预期。这就容易让社群成员不满，议论纷纷，继而失去向心力。

千万不要小看这种不信任，因为在社群里，作为社群创始人的你每天都会被近距离观察、与人近距离交流，你的言行，社群成员都看得到。你到底为什么要成立一个社群？你是不是言行一致？你是不是嘴上讲得好听，但实际上唯利是图、底线很低？

有句话说得好，你可以一时蒙蔽所有人，但你很难长期蒙蔽所有人。所以，如果一个社群要走得长远，社群创始人必须有自己的信念，有稳定的价值观，这样大家长期观察下来，会发现你是一个知行合一的人，你也就拥有了一定的人格力量，就容易让很多人信任并追随你。

回到商业的本质，社群就应该用这种非正式组织的形式为大家提供更好的产品和服务，而不是停留在简单的拉人、分享、链接和卖货这几种模式上。任何组织都要跟上时代，不断创新，不断尝试，不断把好的做法标准化，不断提升运营水平，不断培养新的运营人才来服务大家。

但是现在的确容易出现一种问题，即一旦一个人有了个人品牌，就很容易选择做社群变现。但是很多人在做社群之前，低估了社群运营的琐碎之处，运营细节做得非常粗糙，给粉丝的承诺又无法兑现，结果就是社群的口碑下滑。

还有一个问题，即随着社群规模慢慢变大，社群创始人的精力兼顾不过来，开始把社群交给助手运营，这时一些简单的运营动作很可能有所变形，社群没有形成标准化运营流程，或者没有严格按标准化运营流程走，社群成员的体验感也就开始慢慢变差，社群的口碑也开始下滑。

就像我反复说的那样：**在社群里做好微不足道的细节，才能让别人感动。**

比如说到如何引导成员阅读重要消息，我的建议如下。

● 只在发布特别重要的消息时才使用"@所有人"功能，或者发群公告。

● 给重要消息设计一个固定格式，要求在固定时间发布这类消息，形成一个栏目，培养大家阅读的习惯。

● 随时提醒大家借助特定关键词搜索重要历史记录，如"每周一晒"。

● 在群里轮播通知。有的消息要安排小助手早中晚群发多次。

● 制造话题通知。为了避免"刷屏"过多而引起大家的反感，聪明的群运营人员要学会一种技巧，主动提出引导话题带动大家参与群聊，然后自然地发布通知。

● 对于个别屏蔽了群消息或者很少发言的成员，还要考虑私聊通知。

但实际上，据我观察，绝大部分社群真正达到这些要求的很少，绝大部分运营人员还是会选择轻松省事的群通知方式，或者直接强制弹出群公告。这样自己省事了，但群的运营温度就没有了，社群也会随着规模做大而失去了生命力。

社群是否一定要做得很大，也是一个值得探讨的问题。如果在做大社群的过程中，社群的运营标准无法始终如一，这实际上就是一种典型的知行难合一。最终社群会慢慢死去，随之而来的就是个人品牌也受到很大的影响。

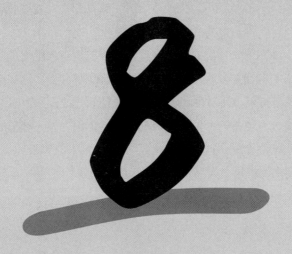

传播力：善用媒体放大
自己的能量

不会借助媒体力量的人，是不可能成功打造个人品牌的。

你可以不会写作，不会演讲，不会直播，不会做短视频，不会运营社群，但你一定不能没有一个主流媒体阵地、获得足够的曝光，否则你的个人品牌是无法得到推广的。

广义的媒体包括传统媒体和新媒体。不要低估报纸、电台、电视等传统媒体的力量，事实上进入主流媒体的报道会给你带来不一样的资源。

做出成就事件后，你一定要用公关的思维进行传播，让自己的影响力进一步扩大，这一点是很多人在打造个人品牌的路上会忽略的。他们只看到了公关的投入，却没有看到公关对自己社会形象的加持。

8.1
打造个人品牌要不要做自媒体

8.1.1 打造个人品牌要做垂直自媒体

拥有个人品牌的本质是成为你所在赛道的头部，并不是开通自媒体。当你拥有个人品牌后，所有的平台都会约你合作，希望你来它的平台开通自媒体。2021年1月底，刘德华开通抖音账户，发了5条短视频，就吸引了5000万粉丝。与其说是抖音帮刘德华打响了知名度，还不如说是刘德华凭借个人魅力引来了抖音上老中青三代粉丝。

对普通人而言，做自媒体是打造个人品牌的有力武器。毕竟开通自媒体的成本很低，只要你有创作内容的能力，你就已经跑赢了90%的人；如果你还能坚持分享内容，你就赢了99%的人；如果你愿意打磨你的内容创作能力，持续提升，那么要不了多久，你的自媒体就可以超过99.99%的人。

今天，所有平台都希望有优质内容创作者来自己的平台分享内容，吸引用户留在自己的平台上。为了激励内容创作者创作更好的作品，平台会推出平台认证、流量扶持、粉丝推荐、广告分成、作品奖励等不同形式的扶持体系。如果创作者能被纳入平台的扶持计划，就能更快打造出个人品牌。今天的自媒体行业呈现出平台算法推荐的趋势，要想更快打造个人品牌，你就得配合平台整体运营策略输出内容，因为算法必然会在一段时间内重点扶持符合平台运营策略的内容。对普通人而言，拥抱平台，创作好的内容，的确是打造个人品牌的捷径。

但需要提醒大家的是，很多人做自媒体的关注点是粉丝的多少和阅读量的高低。特别是很多人做自媒体的目的是变现，为了变现去做自媒体，就要赚平台的广告费。在算法推荐机制下，要赚平台的广告分成就得写容易被推荐的文章，这些文章的内容往往是娱乐类、搞笑类、鸡汤类、明星八卦类、历史逸事类、军事类，这些内容在网络上更容易受欢迎。但问题是，做这类内容，即使拥有了一定的粉丝和阅读量，你也不容易变现。

这是因为这种自媒体赚平台广告费的逻辑重在文章的曝光量，为此，你可能要成为"标题党"，迎合低级口味，满足浅层次的精神需求。但这样做账户，你很难打造个人品牌，因为靠这些内容吸引来的，往往是泛流量，大家会被你的标题和内容吸引而看完文章或视频，但不会因此想到关注你。

反而是专注于一个垂直赛道，吸引对这个话题感兴趣的人，更有助于你打造自己的个人品牌，只要这个赛道不是太小众。

我建议大家就一个垂直赛道写系列化的文章，这比发散写不同的内容更有助于迅速扩大个人的影响力，而且更容易走上变现的道路。

8.1.2 是写文章还是做短视频

进入2021年后，很多人还会问：现在想做公众号，还能做好吗？

其实我想说的是，要选择做哪种自媒体，不妨观察三个变量。

1. 你擅长输出哪一种内容

不是每个人都擅长输出文章，有人擅长输出美图，有人擅长输出音频，有人镜头表现力很好，有人擅长直播。所以对不同的人，可以选择的自媒体平台应该是不一样的（见表8-1）。

表8-1　你的特长与可考虑的平台

你的特长	可考虑的平台
文章	微信公众号、微博、头条号、豆瓣等
问答	知乎、百度经验、在行一点、求医问答等
图片	微博、小红书、个人微信等
音频	喜马拉雅、荔枝、蜻蜓等
短视频	抖音、快手、视频号等
直播	淘宝直播、抖音、快手、视频号等
网课	网易云课堂、腾讯课堂等
资料模板	百度文库、金山稻壳儿等
社群	个人微信、企业微信、钉钉等
游戏	斗鱼、虎牙等

很多人把做自媒体创作狭隘地理解为写文章，但新媒体的类型发展得非常快，而且在不断进化。从做出个人影响力、获取回报的角度看，今天的网络为普通人提供了更多的选择，你完全可以通过输出不同的内容去吸引不同类型的用户。

特别要说明一下，现在微信已经允许加2万名好友，多达1万人可以看到你的朋友圈和视频号。所以，微信已经可以被看作一个小而美的微博，精心运营垂直人群，回报率并不低。

从运营的角度看，把一种内容做到极致，在需要这些内容的平台分发、导流，效果会比什么内容都做要好。

2．你适合哪一个平台的氛围

我们在写作力和短视频两章分析过不同平台的差异。不管选择做哪一种内容，你都需要考虑自己更喜欢哪一个平台的氛围，在哪个平台你的内容互动性评论更多、被算法推荐的概率更高。

与其选择那个最大的平台，不如选择一个你更容易"冒尖"的平台，等你做出影响力了，再去更大的平台发展。

但是从运营的角度说，我建议日后将微博、微信个人号、微信公众号、微信视频号作为个人品牌的标配平台来运营。

3．哪一个平台有扶持红利

了解每个平台规则、扶持政策的变化是非常重要的，因为平台的规则变化可能导致一个月前流量非常大的内容，一个月后流量却下滑得非常快。

此外，每个平台为了竞争，都会去尝试竞争对手成功了的赛道，比如淘宝在2021年推出淘宝逛逛，扶持个人博主，这显然是针对小红书模式推出了自己的对抗产品。那么如果你擅长做小红书的内容，去淘宝逛逛输出独家内容，其实更容易成功。

以前的你也许只会照搬别人的内容，现在你要学会自己去创作内容，而且要根据你的粉丝属性去创作优质内容，必要的时候要学会AI和PR，最后看你的内容适用于哪个场景和平台。

8.1.3　如何启动自己的个人品牌自媒体

1．找准定位

确定自己的自媒体创作方向非常重要，想清楚自己要在哪个方向持续输出，定位就完成了一半。做个人品牌一定要专注一个细分领域，做自媒体也一定要围绕这个细分领域来运营。

选错写作方向会导致你不断尝试不同的内容，试图挽救你的阅读量，结果是你的内容运营越来越困难，变现也没有希望。

找准定位的最简单的方式是问自己一个问题：在你想写的方向，有没有成功的账号可以对标？

如果答案是"有"，那么去研究他们是怎样做的；如果答案是"没有"，那你就要慎重思考了。

2．打造特色

有时候最难做的不是定位，而是让自己的内容有特色，能够被用户记住并关注。通过研究你对标的账号做的内容，其实你很容易看出大家喜欢看怎样的内容，你所要做的是围绕这些内容做出自己的特色。

打造特色包括起一个好记且独特的名字，做好账号的装修，设置好关注引导语，也包括让你的内容从千万同质化的内容中脱颖而出。

打造特色的根本方法是问自己两个问题：我的目标用户是谁？他们喜欢看什么？

如果你不能回答这两个问题，那么你的内容就很容易被互联网上的海量内容淹没。

不要围绕自己想做什么去思考，而要思考你的目标用户希望看到怎样的内容，这样你才能找准你的特色。

3．选题规划

很多人做自媒体时最大的问题是断更。断更一方面是因为缺时间，另一方面是因为缺选题。我建议大家用写书的心态做选题规划，一次性把希望输出内容的明细做出来，然后用一段时间持续输出。这样，即使你输出在自媒体上的内容不能得到认可，至少你也积累了可以输出成图书或者课件的资料，并没有浪费自己的时间。

选题规划的最佳方法是问自己一个问题：这个领域最值得输出的200个话题是什么？

今天的搜索引擎其实能帮助你很快地找到这些值得输出的话题。

4．设计产品

大部分人做自媒体的最终目的是获得收益。同样，一开始你就要想清楚自己的回报是什么。

回报不一定是金钱，也可以是个人影响力扩大、粉丝增长、人脉扩展、能力提升、眼界拓宽等。但你最好一开始就思考有无合理的变现模式，如果发现变现模式有一定的潜力，那么围绕变现做运营是让个人品牌成长的最快的方式。

对打造个人品牌而言，高质量的粉丝增长其实是最大的变现。

5．提升能力

对绝大部分人而言，做自媒体是需要系统学习的。如何让你的文章或短视频超越90%的同类作品？如何源源不断地写出好文章，摆脱对灵感的依靠？如何让内容带来的收益最大化？

要用正确的方法去运营自媒体，当然需要系统地学习，比如自媒体的写作能力、运营能力等。

8.2
努力创作"爆款"内容，而不是持续创作

我一直坚持日更自己的自媒体，甚至在微信公众号、微博、社群、头条号、视频号等不同的平台分享不同的内容。这让很多人觉得做自媒体太难了：第一，很难坚持输出；第二，很难多平台输出。

这样的想法是对自媒体运营的一种错误的认知。运营自媒体归根结底是为了扩大自己的个人品牌影响力，它不是一件必须完成的工作。创作只是手段，而目的是扩大我们的影响力。

很多自媒体创作者盲目追求日更，但很快就产生了以下苦恼：

无论创作什么内容，阅读数据都不理想！

无论送出多少福利，粉丝量总是涨不上去！

偶尔收获一次"爆款"惊喜，但下一次"10万+"遥遥无期！

曾经活跃互动的用户，过一阵似乎就不关注了！

……

如今是一个人人都可以生产并传播信息的时代，最大的问题是信息严重过剩，加上大家都在迎合算法，试图通过追热点得到算法推荐，内容越来越同质化。在这种情况下，内容要脱颖而出，难度比以往更大了。

所以，你不需要盲目追求日更，而要努力去寻找"爆款"选题，然后争取以最快的速度做出反应，在合适的时间推出选题；一旦在网络上引爆，就快速扩散和分发，等传播形成规模后再用复盘或者分享的形式做二次传播，让更多人认识到你是"爆款"内容的创作者。

能够让人记住的不是你在日更，而是你的"爆款"内容，因为只有"爆款"内容才能在多个平台被同一群人反复刷到，进而使他们留下对内容的相对深刻的印象。所以，你真正要做的工作不仅是马上创作下一篇"爆款"文章，还有让这篇文章持续传播。

在内容流行的生命周期内，你要千方百计去分享这篇内容，扩大它的影响力，而且要在扩散过程中让别人意识到你是这篇文章的作者。

大家会记住一个阅读量10万以上的作者，而不会记得一个写了100篇文章、但每篇文章的阅读量才1000的作者。如果你一年出10篇"爆款"，每篇"爆款"都用分享内容、"爆款"喜报、社群复盘、专题分享等不同的形式强化你的创作者身份，你的个人品牌会因你的"爆款"内容而被更多的人记住！

我在2020年做了一门视频号网课，通过自己的平台销售及分销，超过3万人学习了这一课程。课程销售得好本身就扩大了我的影响力，我还将"爆款"海报发到朋友圈，让更多人记住了我的视频号网课全网销量第一名的信息。每次成功大卖，我就写复盘文章分享，还得到很多视频号分享的机会。这就是借助"爆款"网课反复滚动不同的资源，从而强化自己某个标签的过程。让大家记住你在某个方面非常成功，其实就很好地强化了你的个人品牌。

这就是为什么在2020年和2021年，我围绕视频号不断输出，强化课程内容，这都是为了让这门课程变得更有影响力，从而让自己的个人品牌被更多的人看见。在创作方面，我其实也一直在打磨、升级这门视频号网课，而且通过持续分发让课程成为全平台分发的"爆款"课程，从而实现了最大程度的个人品牌回报。

努力做出"爆款"内容，才是利用新媒体的正确方式，否则你就变成了内容创作"打工人"。

要想做出"爆款"内容，我有以下七个建议（见图8-1）。

（1）抓热点：借热点之势搭上容易带来"爆款"的"顺风车"。抓热点第一要反应速度快，第二要写出自己的特色，第三要和自己的定位有关联，否则就变成为了流量抓热点。

（2）给利益：任何内容，只要让用户觉得"与我相关"，就更容易被分享。这一点如果在标题中就体现出来，会进一步提高文章的打开率。

（3）要有趣：内容越有趣，阅读越轻松，内容就越容易被分享。

（4）调情绪：在创作内容时一定要思考，这样的内容会激发普通人的哪一种情绪，越是触动人心的内容越容易被传播。

（5）拍视频：现在大部分平台会给视频形式的内容提供更大的流量扶持，所以同样的内容用视频方式表达，有可能获得更大范围的传播。

（6）做互动：在内容的中间或结尾鼓励用户点赞、评论或者分享，并给参与者某种方式的激励，从而带动内容的传播。

（7）强扩散：内容输出后，如果数据显示内容比较受欢迎，就主动通过各个渠道扩散，让内容被更多的用户看到，争取获得更好的数据，激发算法推荐，形成真正的"爆款"。

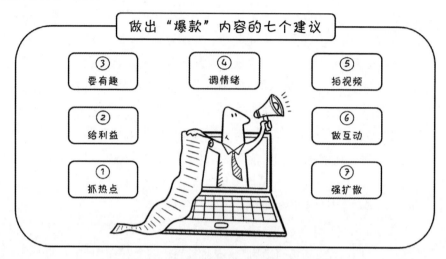

图 8-1　做出"爆款"内容的七个建议

今天，互联网环境中的用户表现出明显的平台"圈层化"趋势，你的个人品牌要成功"出圈"，在多个圈层流动，难度越来越高。

唯有努力打造"爆款"内容，才是"出圈"的最佳路径。

8.3
没有关键词思维，分发内容是无效的

我认为很多人的自媒体运营是无效的，因为他们缺乏关键词思维。他们的内容发布后，用户用关键词搜索不到，我称这种情况为"在搜索引擎上没有表现"。

当然，不是说这些内容真的搜不到，而是这些内容出现在搜索结果的很后面，根本不可能被检索的人看到，这就浪费了很多长尾流量。表8-2介绍了各个平台的搜索特点。

表8-2　各个平台的搜索特点

平台	搜索习惯	搜索结果	模式
百度	品牌+行业关键词	结果推荐+相关推荐	竞价
微信	热点+痛点关键词	聊天记录+文章+朋友圈+小程序+视频号	智能推荐
微博	话题+热点关键词	微博	智能推荐
京东当当	商品+痛点关键词	商品	投放
淘宝	商品+痛点关键词	商品	投放
抖音快手	热点+爆款关键词	短视频	投放
小红书	IP+品类关键词	达人页面	口碑

我早期做博客、微博、微信公众号等，至少80%的输出内容是围绕"PPT"这个关键词展开的，就这样积累了10年。现在你在微博、微信公众号、微信搜一搜、百度搜索、京东、当当上搜索关键词"PPT"，大概率能看到我们秋叶团队创作的内容，这给我们带来了大量免费的长尾流量。

你在做内容的时候必须记住一个公式。

能打造个人品牌的内容=好内容+品牌关键词+品类关键词+热点关键词+长尾关键词

什么是品牌关键词？"秋叶"是一个品牌，那么在我们输出的内容中一定要带"秋叶"这个关键词，否则别人看到相关内容，联想不到创作者是谁。

什么是品类关键词？"PPT"是一个赛道，那么在我们输出的内容中一定要有"PPT"这个关键词，否则别人在搜索相关内容的时候，看不到你的内容。

什么是热点关键词？热点就是现在大家正在网上讨论的话题，如果这个话题和你的赛道有关联，它就是一个非常好的热点关键词，有热点关键词的内容更容易被大家点开，也更容易得到算法推荐。

什么是长尾关键词？"PPT封面设计"就是一个长尾关键词。网上总会有人搜索这方面的文章，如果我们主动写包含这样关键词的文章，那么就相对容易在用户搜索这一类文章的时候被检索到。

当然，不是说每篇文章都要这么干，但是坚持这样做，你的内容就能在互联网上留下痕迹。

你也不能为了植入关键词而刻意在内容中插入关键词，关键词的密度要合理。关键词在内容中出现的次数与总字数的比值叫关键词密度，这个密度过高，容易使内容的可读性下降，还可能被搜索引擎认为是作弊；密度过低，也不好，你的内容将不容易被搜索引擎识别为相关内容。可见，你需要控制好关键词的比例。一般来说，对于800字以内的文章，关键词出现的次数最好控制在4~5次；对于1000字左右的文章，关键词则适合出现5~8次。文章标题可根据要求加或者不加关键词；文章首段可以出现2次关键词，末尾出现1次，其余的则散落在文章中间，每150字左右出现一次为宜。

品牌和品类关键词是已知的，重点是做到自然地植入内容。加入这些关键词还能起到一定的版权保护作用。

热点关键词来自热门话题榜单。

真正要挖掘的是长尾关键词。

选取关键词的常见方法如下。

1．趋势推测法

趋势推测法是利用即将到来的事件进行关键词的推测与提前策划的方法。比如你知道某一部电影即将上映，那么在一段时间内这部电影的热度必然会上升。节假日、重大活动、体育赛事都是可以提前预测的。

2．搜索引擎推荐法

搜索引擎推荐法指利用搜索引擎来筛选关键词。例如，我们选择的关键词是"PPT"，在百度的输入框中输入这个词后，屏幕上会显示大家都在搜的一系列关键词，这就是一种提示。此外，搜索引擎的中间和底部都有相关关键词推荐。如果搜索某个词，得到的搜索结果极其丰富，也说明这个词具有一定的流量，值得写相关的文章。你还可以利用百度指数查出某个词每天大概的搜索量与用户关注度。

3．用户思维模拟法

你可以考虑用户的搜索习惯，模拟用户在寻找同类产品时可能使用的关键词。比如，把自己当成用户，想一下如果你要找一部电影，你会搜索什么词、去哪里找？

4．工具挖掘法

先确定核心关键词，然后利用流量统计工具、百度下拉框、站长工具、问答平台和专业社区挖掘长尾关键词。

和"爆款"内容相比，做关键词的长尾流量，短时间内不是那么容易看到效果的，但坚持做、长期做，几年时间过去，你会发现你积累的长尾关键词其实是你应对新媒体领域的变化的最佳武器。

8.4
平台邀约，先评估流量质量，再评估是否入局

如果你有了一定的个人影响力，可能会有一些平台邀约你入驻，希望你在他们的平台上分发内容。当然，如果你没有影响力，也会面临这个问题：平台这么多，我到底去哪个平台分发内容？

我发现对内容创作者而言，与平台合作有两个最大的"坑"。一是时间成本，在一些很难变现的平台分发内容，只会浪费你的时间；二是机会成本，与一些平台合作时，如果不确认合作条款，那么日后你可能会因为合同约束错失其他机会或蒙受经济损失。比如，有的平台用合作名义拿到了作者内容的免费分发权限，把作者的内容拿到海外运营，收益对作者不透明；或者作者的付费内容被平台随意定价，用于促销，让作者的付费内容实际上大为贬值，这些都是需要在与平台合作前仔细评估的。

如何评估要不要和一个平台合作？建议大家从以下六个维度考虑（见图8-2）。

1．影响力指标

平台本身影响力大不大？首页单篇文章阅读量或者点赞量大不大？搜索平台的名字，相关的主流媒体新闻多不多？平台成立时间长不长？平台是否获得过有影响力的投资机构的投资？

2．投入成本

选择短视频平台时尤其要考虑这一点，要评估创作难度大不大，视频达到什么水平才算合格，以及对更新频率有什么要求。

3．版权归属

内容版权或著作权归谁？平台是否具有自由裁剪、分发的权利？平台分发内容的边界在哪里？是否默认平台可以将内容分发海外？

4．推广资源

平台是否会给予曝光？平台会提供怎样的扶持资源？平台是否获得过什么荣誉？

5．回报模式

创作者如何在平台获得收入，是广告模式、流量分成模式，还是付费阅读模式？是否允许引流到私域？付费内容的定价权归谁？

6．财务约定

创作者的收入是直接打到个人账户还是走对公转账？是否要开发票？结算周期是多长？是否代扣税？税点是多少？

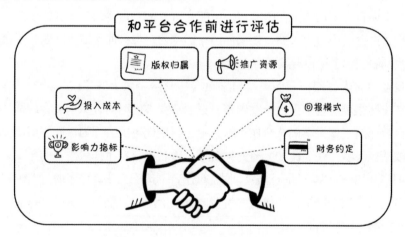

图 8-2　评估平台合作价值的六个维度

一般来说，一个新平台不管来头多大、背景多强，只要没有能证明自己市场竞争力的数据表现，是无法持续发展下去的。我们判断是否要入驻的最简单的原则是平台是否承诺保底收入，这样可以避免盲目入驻新平台，不但得不到流量扶持，还让自己的入驻成为平台下一轮融资或拉人的资本。

8.5
除了流量思维，还必须有公关思维

很多公司为了获取流量，都会投放互联网广告。问题是广告一停，流量就没有了，公司经营马上就会遇到问题。

打造个人品牌显然不太适合采取投放广告的方式，你必须自建品牌阵地。除了自己的自媒体，你还有很多媒体品牌阵地需要卡位。此时你要找到一些锚点型的标志口碑。

什么叫锚点型的标志口碑？就是当你做到这件事和没有做到这件事时，你有着性质完全不同的两种身份。

此外，在某种意义上，你需要公关思维，要争取和强资源保持沟通，争取得到平台、榜单、有影响力的机构的支持，使你获得权威性的社会认同。我把这种认同叫作个人的口碑容器（见表8-3）。

表8-3 个人的口碑容器

口碑类型	范例
名称	得到商标保护的网名
学历职称	博士、教授、博士生导师
荣誉称号	先进工作者、五一劳动奖章、三八红旗手、五四优秀青年、优秀党员等
平台荣誉	年度平台优秀创作者、平台内容排行榜头部、平台认证自媒体等
学术荣誉	荣誉教授、客座教授、受聘专家、创业导师、就业顾问、高校讲座等
专业身份	津贴专家、图书作者、畅销书作家、资质证书、著作权、版权课等
企业身份	投资人、创始人、高管、企业家协会副会长、创业投资LP（有限合伙人）等

口碑类型	范例
社会职务	政府参事、××协会理事长、创业导师、公益合伙人等
业绩事件	"爆款"产品、"爆文"、高端会议嘉宾、主流媒体报道、公益活动、影响力评选获奖人等
百科收录	百度百科词条、其他百科词条、品牌关键词搜索排名等
企业链接	名企培训、名企顾问、名企品牌活动合作等
大咖链接	项目投资、项目合作、名人推荐、与名人聚餐、与名人合照等
个人标签	培训证书、兴趣认证等

在平台发多少篇文章，"刷"多少流量，都不一定能沉淀下口碑，但如果到年底，平台把你评为十大内容创作者，安排你在平台的颁奖晚会上领奖，甚至全网发通稿广而告之，这意味着你的口碑得到了认可，你也留下了具有公信力的证据，而不是自吹自擂。例如，我每年都会得到互联网平台颁发的很多奖项，也会获得很多关于学校、社会的荣誉。每年通过努力工作不断获得新的奖项和荣誉，也是一个让个人的口碑容器不断升级的过程。

一旦获得这种口碑容器，你就可以在不同场合为自己赋能。越是公信力强的口碑容器，你越要想办法一个个去获得，这也是使你的个人品牌得到主流社会承认的方式。个人品牌不能只停留在网上，也要走入线下，得到社会的认可。

做出成就事件后，一定要用公关思维进行传播，让自己的影响力得到进一步扩大。很多个人品牌打造者会忽略这一点，他们只看到了公关的高投入，却没有看到公关对一个人社会形象的加持。

我还要提醒想打造个人品牌的朋友：互联网是有记忆的。你在网络上的一言一行都会留下记录，所以千万不要因为一时口快就发表未经证实的言论，一旦被网友抓住漏洞，会给你带来负面影响，需要做大量的负面公关。比如很多朋友宣传自己的个人品牌时，并没有实实在在的证据证明自己的说法，如表8-3中的荣誉称号等，这是有夸大宣传、虚假宣传的嫌疑的。

想打造个人品牌的朋友一定要学习一下《广告法》，依法进行传播和宣传，这样才能走得更长久。

学习力：构建自我进化的人生管理系统

如果你有雄心壮志，如果你想迅速打造个人品牌，你一定要学会自我管理，做到专注，懂得自律，学会复盘，和有成果的人在一起。

当你被大家看作有个人品牌的人的时候，回想当初，你会发现真正能做好自我管理的人，才能在打造个人品牌的路上走得更远。

梦想总是要有的，不是"万一实现了呢"，而是有自我管理能力的人真的能实现梦想。

9.1
产品：个人品牌也有生命周期

如果你认真分析那些曾经红极一时的产品，比如诺基亚、脸书、亚马逊等，你会发现它们都有一个共同点：都经历过从默默无闻的"小透明"到高速增长，再从规模化扩张到逐渐衰退的"抛物线"式的发展过程。它们的经历告诉我们：产品是有生命周期的。

产品生命周期（product life cycle）亦被称为"商品生命周期"，指一个产品从诞生到衰退的全部运动过程。归纳起来，产品生命周期又可以划分为四个阶段：导入期、成长期、成熟期、衰退期（见图9-1）。

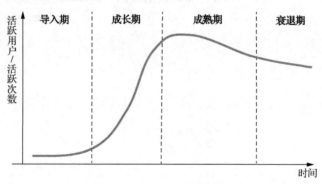

图 9-1　产品生命周期

个人品牌作为产品，也有自己的生命周期，也会经历上述四个发展阶段，这四个阶段又分别具有不同的特点（见表9-1）。

表9-1　个人品牌的生命周期的各个阶段及其特点

个人品牌生命周期的各个阶段	阶段特点
导入期	价值观、个人方向、未来梦想形成
成长期	连续做出成就事件，和普通人拉开距离
成熟期	形成可持续的个人品牌商业模式
衰退期	个人品牌开始走下坡路，或者需要进行转型升级

这意味着，要打造个人品牌，你还需要具有迭代思维，能做到在个人品牌发展的不同阶段，用对正确的"运营"方法，找到正确的努力方式。

1．导入期：价值观、梦想形成的时期

当你将个人品牌当作产品来思考时，导入期对应的人生阶段是价值观、梦想形成的时期。此时，尽管你无法完全准确地预料未来的自己将会成为怎样的人、拥有怎样的生活，但在内心深处，你一定有对未来的期望。

比如，你可能想成为某个领域的大咖、"网红"或者平台头部创作者，也可能想成为"马云二世""马斯克二世"……因为有了梦想，一切都充满了希望，你的未来也开始有了方向。

在这一阶段，最重要的工作是学习和积累。在个人品牌的导入期，你学到的东西越多，积累的东西越多，接触的牛人越多，你拥有的资本就越多，未来实现梦想、收获理想人生的机会就越大。

2．成长期：连续做出成就事件、拉开和普通人差距的关键时期

把个人品牌视为产品，那么与成长期对应的人生阶段就是拉开和普通人的差距的关键时期。对于已经找到方向的人而言，若能在这个阶段快速、连续做出成就事件，做出"爆文"、"爆款"课程、"爆款"产品、"爆款"事件，将能从后续资源的马太效应中获益。

这一时期，你也许会发现原本和你起点差不多，甚至远远被你甩在身后的人，开始慢慢超越你：学历、能力差不多的两个人，影响力和收入却慢慢拉开了距离。不可否认，在成长阶段，人与人之间差距的形成的确会受一些不可控因素的影响。但从本质上说，你依然可以努力争取做到更好。基于我的经验，我认为在这一阶段，有三件事至关重要：

一是明确知道自己要"去哪里"，要有规划、有目标、有方向，比如，我写书之前就会考虑这本书的推广目标，以及要产生怎样的影响力；

二是想办法争取资源，一点点积累小的成果，逐步向大目标迈进，争取尽快完成；

三是在完成目标后想办法做各种宣传，让更有影响力的人看到你的努力，争取让对方为自己带来新的资源和选择。

3．成熟期：围绕个人品牌，形成比较稳定的商业模式

在个人品牌的成熟期，你应该已经找到了成熟的变现模式。这一阶段，用户活跃度高，变现能力强，围绕个人品牌打造的产品已经有了一定的市场基础，但仍然面临着激烈的竞争，可称为"个人品牌商业化从10到100的过程"。

从经营的角度看，个人品牌的成熟期是个人事业已经达到了一个比较令人满意的水平的时期，比如有了稳定的收入和团队，有了不错的事业口碑等。

这一阶段，你对个人品牌的"运营"应该重点体现在以下两个方面。

一是居安思危，时刻做好应对变化的准备。尽管在这一时期，你的个人品牌已经达到了相对令人满意的状态，但此时的状态并不代表着未来长久的稳定状态。从本质上看，人生并没有永远的稳定，意外贯穿着我们的人生。而当意外来临时，如果你没有做好应对变化的准备，那么你的个人品牌可能会加速进入衰退期；反之，如果你做好了应对变化的准备，那么即便意外来得突然，你也能从容面对。

二是保持初心，不断学习，不断进步。要知道，人生如逆水行舟，不进则退，尤其是生活在如今这个信息瞬息万变、科技引领生活的时代，新知识、新技术、新思维、新方法等，一切新的东西都来得太快、淘汰得太快。从某种程度上说，你今天的成功和成就都不代表明天的你可以继续成功。如果你不具备学习的意识和能力，无法紧跟时代的步伐，那么时代淘汰你时可能连招呼都不会打。

4．衰退期：个人品牌开始走下坡路，或者需要转型

个人品牌进入衰退期往往是因为新的人气明星或替代型潮流出现，用户习惯发生大的革新，老用户的新鲜感消失，用户逐渐流失。

从人生的角度看，个人品牌进入衰退期也可能是由身体、精力、家庭等自身因素导致的，这些因素使你在个人品牌事业上无法更好地投入。

还有一种可能就是你的事业需要继续升级，你的个人品牌标签需要升级到更高的赛道，你需要放弃过去，重新征服更有挑战性的个人品牌，或者你要把个人品牌升级为团队品牌、产品品牌、公司品牌。

像新东方的创始人俞敏洪、得到的创始人罗振宇，都成功地把个人品牌转化为了公司品牌，让事业拥有了更大的格局。

这一阶段的你，一是要通过自身的努力，比如健身、学习等，想办法推迟个人品牌衰退期的来临；二是当个人品牌的衰退期真正来临时，坦然地接受它。要知道，万事万物都有生老病死的生命周期，即使是恒星、星系那样宇宙中的巨大的存在，也是有诞生、有死亡的。当你的个人品牌走下坡路时，你与其不甘，不如接受。

9.2
自律：加快打造个人品牌

在知乎上，有这样一个高人气问题："你见过最不求上进的人是什么样子？"其中的一个高赞答案是这样的。

我见过的最不求上进的人，他们为现状焦虑，又没有毅力践行改变自己的决心。三分钟热度，时常憎恶自己的不争气，但他们坚持做过的最多的事情就是"坚持不下去"。终日混迹于社交网络，脸色蜡黄地对着手机和电脑的冷光屏，可以说上几句话的人却寥寥无几。他们以最普通的身份埋没在人群中，却过着最最煎熬的日子。

这些人的生活方式，可以用一个词描述——不自律！

天天喊着要减肥，健身计划却一再搁浅，饮食上也不加节制；原本计划周末要好好学习，可直到太阳开始晒屁股，还是不愿离开温暖的被窝；明明计划好了这个月的开销，但看上一双漂亮的鞋后，还是忍不住下单了，收到货一边开心，一边懊悔不已……

这种不自律的生活方式究竟意味着什么呢？很简单：上班混日子，下班打游戏，熬夜浏览各种娱乐新闻和社交网站，没有兴趣爱好，周末只想"葛优瘫"，不健身，不进行有意义的阅读和交际，不好好思考活着的意义和生活的意义，终日浑浑噩噩、随波逐流、得过且过（见图9-2）……最终，当懒散成了习惯、不自律成了生活的常态，还谈什么打造个人品牌？

图9-2 不自律的生活方式

如果你用心观察，你会发现，古往今来，凡是做出了伟大成就的人，都是自律高手。

米开朗基罗（Michelanglo）说："如果你知道我是多么自律地工作才换来了我的成就，就会觉得我的成就似乎也没什么了不起的了。"

钢琴家弗拉基米尔（Vladimir）强调："一天不练琴，我就会意识到我的退步；两天不练，妻子会发觉我的退步；三天不练，全世界都会知道我的退步。"

德国哲学家伊曼努尔·康德（Immanuel Kant）说："自律使我们与众不同。自律令我们活得更高级。也正是自律，使我们获得更自由的人生。"

一个人唯有自律，懂得时刻约束自己，才能得到更多的选择自由。可以说，人一切的痛苦，本质上都是对自己无能的愤怒。而自律，恰恰是解决人生痛苦的根本途径。

尽管自律的人短期内会过得很苦，会失去很多娱乐与闲暇的时光，但在这有限的时间里，如果你高度自律，懂得把宝贵的时间花在对的事情上，那么，你会离成功打造个人品牌越来越近。

自律的形成离不开以下四个关键要素。

9.2.1　立即行动

想尝试做短视频，但是觉得手头事情太多了，结果想了许久却始终没有行动；想坚持早起，然而还没开始尝试，就在心里暗暗告诉自己"明天再说吧，珍惜今天最后的懒觉时光"，结果明日复明日，没了下文；想当天完成工作PPT，然而想着时间还很多，浏览一会儿朋友圈，看看抖音，一直拖到日落西山，PPT还停留在第一页……

以上这些拖延"症状"，你是否也有？从某种程度上说，拖延正是自律体系形成的最大阻力。对大多数人而言，解决了拖延问题，做到了立即行动，也就迈出了自律关键的第一步。

行动会让一个人走在改变的道路上，而不是一直在思考。

9.2.2　延迟满足

"延迟满足"是指为了追求更有价值的长远结果，克制自己的欲望，抵御眼前的诱惑，并心甘情愿地选择等待。它意味着为了在未来收获更多的安逸和快乐，你需要重新设置体验人生快乐与痛苦的次序，而不仅仅贪图眼前的安逸和快乐。

比如，你感觉肚子饿了，这时候你可以选择方便、不健康的泡面，也可以选择亲自下厨做一顿美味、健康的午餐。如果你出于对健康的考虑，选择了需要等待更长时间但更有营养的后者，那么你的行为就是一种延迟满足。再比如，每个月拿到工资后，你可以选择做"月光族"，也可以选择过节俭的"苦"日子，攒钱付首付买房。如果你为了未来更长久的幸福和安定，克制了花钱的欲望，没有屈服于非理性消费的冲动，选择了节俭，那么你的行为也是一种延迟满足。

从本质上而言，延迟满足并不是对快乐说"不"，而是强调要放弃容易获得的快乐，去换取未来更大的快乐，以达成短期满足和长期收获的平衡。

很多即时的满足和快乐，可以让你"爽一时"，但从更长远的角度来看，它实际是一种对未来的透支和对人生的消耗。适当地忍一忍、等一等，延迟满足自己的需要，正是帮助你更好地成长和获得更大成功的最好方式。

那么，如何才能做到延迟满足呢？这里为大家提供一种简单实用的延迟满足训练法则——"ABCD法则"：记录下做每件事的"ABCD"，其中，A是"目前需要改正的行为", B是"现在想做的无价值的事情", C是"未来要做的重要的事情", D是"改变的策略"（见表9-2）。

表9-2 ABCD法则

格式	样例
A=目前需要改正的行为	拖延不做手上的工作
B=现在想做的无价值的事情	先看一会儿抖音
C=未来要做的重要的事情	还有一件更棘手的事情等着我处理
D=改变的策略	调整一下呼吸，让自己安静下来，将抖音卸载或把手机放在远处，以与抖音隔绝，开始做重要的事情

9.2.3 时间管理

《奇特的一生》一书的主人公柳比歇夫在26岁时独创了一种"时间统计法"——把一天中每件事花费的时间都进行精准记录，并通过持续统计和分析，提高时间利用效率。在此后的56年间，他始终坚持着这种近乎严苛的时间管理方法，而对时间的极致高效管理，让他创造出了数量惊人的学术财富，成就了他传奇的一生。

如何才能最大限度地利用好时间呢？以下总结了几种最常见、最高效的时间管理方法，以供参考。

1. 时间管理矩阵

时间管理矩阵是指将要做的事情按照轻重缓急的程度分为紧急且重要、重要不紧急、紧急不重要、不紧急不重要四个维度，形成矩阵（见图9-3）。

在这四个维度中，最优先解决的应该是紧急且重要的事情，比如：首先，你的老板交了你一个重要项目，明天必须出方案，那么这个方案应该是你当前排在第一的、最紧要的事情，你所有的精力和时间都应该重点花费在这件事上；其次，你要考虑的是紧急不重要和重要不紧急的事情，如朋友突然的邀约、每天都在打卡的读书或健身等，这些事情要么紧急、要么重要，但晚一点做也不会造成太大的影响；最后，才是不紧急不重要的事情，比如浏览朋友圈、抖音、微博等。

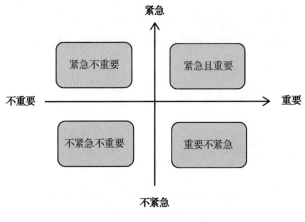

图9-3　时间管理矩阵

2.1-3-5清单法

"1-3-5清单法"是指把每天要做的事情分为特别重要的任务、中等重要的任务和琐事三大类，每一类又设置相应个数的待办任务（见表9-3）。

表9-3　1-3-5清单法

事情类别	重要程度	每天设定的待办任务数量（个）
第一类	特别重要的任务	1
第二类	中等重要的任务	3
第三类	琐事	5

需要注意的是，如果你选择使用1-3-5清单法，那么，在尝试之前，你一定要放下"每天要把所有的事情都完成"的执念。很显然，你每天要做的事情太多，1-3-5清单盛不下每一件事，它只能督促你优先完成更紧急、更重要的事情。

3.番茄工作法

番茄工作法是目前运用最多，也是最简单、最流行的时间管理方法之一，其操作方法十分简单：选择一个待完成的任务，设定一个番茄时间（根据自身实际情况设定，建议是半个小时）。在番茄时间内专注工作，中途不允许做任何与此任务无关的事，直到番茄时间结束。每工作一个番茄时间，可以短暂休息5分钟，连续工作4个番茄时间后，可以多休息一会儿（建议15～30分钟）。

正如鲁迅说的那样："时间就像海绵里的水，只要愿挤，总还是有的。"许多时候，并不是你没有时间，而是你没有合理规划和利用时间。毋庸置疑的是，时间是世界上最宝贵的东西，古往今来，凡功成名就者，无一例外都非常注重时间的价值。所以，要想自律，请从合理管理时间开始。

9.2.4 养成习惯

俄国教育心理学奠基人乌申斯基告诉我们："良好的习惯乃是人在其神经系统中存放的道德资本，这个资本不断地在增值，而人在其整个一生中都享受着它的利息。……在同样的程度上，坏习惯就是道德上无法偿清的债务了。这种债务能够用不断增长的利息去折磨人，去麻痹他的最好创举，并使他达到道德破产的地步。"

由此可见，自律也是一样，需要你潜移默化地养成习惯。

很多人问我为什么能坚持日更，我的回答很简单，那就是习惯了每天都要去做这件事。正因为我能10多年坚持日更，我成了很多人心目中的榜样。正如荀子在《劝学》里写的那样："不积跬步，无以至千里；不积小流，无以成江海。"

好习惯对人的一生影响巨大，它也是你学会自律的关键要素。

总之，自律的人能掌控做事的节奏，主宰自己的人生，生活充实，内心坚定。如果有一天，自律深入你的骨髓，成为你生命中的一部分，你会比从前的自己更优秀，也能更快地打造自己的个人品牌。

9.3
阅读：高质量输入才能高质量输出

希望打造个人品牌的人都需要输出，正如我们很熟悉的一句话所说："输出倒逼输入。"

但关于"输出"，我必须强调，要输出有深度的思考。你有什么样的思想，就会讲出相应深度的话，吸引相应的目标受众。

要有高质量的输出，就得先有高质量的输入。高质量的输入决定了高质量的输出。获得高质量输入的最佳渠道是阅读。

读书不是盲目地读，而要选择好书阅读。我建议大家根据以下五个标准选择有价值的书。

（1）看出版社。你要选择主流出版社和出版社打造的优质图书品牌的书。

（2）看作者。你需要看他在行业中是否有一定的口碑，钻研的东西深不深。

（3）看版次。你要看书是第几版、第几次印刷，版次、印刷次数越多，书越好。

（4）看评论。比如豆瓣上的评分，不是新书、评论数过百且评分在8分以上的书，你可以多关注、了解，也可以看某本书在京东和当当等购买平台上的评论量，但要注意电商平台为了销量，会把几本图书打包在一起，你要看具体一本书的评论数量。

（5）看大咖推荐。比如，得到和樊登读书会等平台已经为读者做了筛选。

除了选对的书读，我建议你还要带着明确的目标去阅读。现在很多人读书都没有明确的目标与预期，而是找简单好懂的书，快节奏、走马观花式地阅读，脑海中没有过滤出哪些信息需要重点记忆并运用。很多人更是给自己定了一个周期内读多少文章或者几本书的目标，与其说这是为了阅读，不如说是为了在社交圈打卡秀自己又读了多少本书。

我们应该比阅读图书的质量、阅读图书的收获，而不是单纯比阅读图书的数量。

如果是为了打造个人品牌，我建议你用主题阅读方式聚焦一个主题，在最短时间内完成最大量的输入，然后去践行所学，帮助自己快速提升，而不要随着兴趣，由着时间，紧一本慢一本地阅读。

主题阅读，就是找到一个近期要学习、研究的主题，集中一段时间看相关的好书、好文章，和别人就这个主题进行深度交流，让自己在一段时间内不要做分散式的阅读（这会分散一个人的精力和注意力，影响阅读吸收的质量）。

主题阅读不代表在一个周期内只能看一个主题的内容，这样会让人产生厌倦情绪。最好的阅读方式是将大部分时间用于主题阅读，其他的时间你可以看一些让自己放松的内容，这样不会太过枯燥，也能让你专注阅读。

要想阅读有质量，首先就得强制自己输出阅读笔记（见图9-4）。做笔记不仅仅是简单抄录书中的观点，还要梳理其中的中心思想，写下自己的感悟。不必写得很长，但要把书里面的逻辑用自己的话简明扼要地表达出来。

图9-4　主题阅读和输出阅读笔记

在主题阅读过程中，如果发现一些经典图书和文章，你就需要反复读。每个人都喜欢追求新鲜感，不管对人对物都一样，阅读更是如此。很多书或者文章，你看了一遍就觉得很难提起兴趣去读。然而，很多知识，你只看一遍是很难完全掌握的，需要反复地阅读、学习，做到温故而知新。特别是平时看到好的、能让我们深度思考的、包含实用技巧的内容，你需要反复阅读，然后从每次阅读中获得新的思考与感悟。

如果你想在一个领域快速打造个人品牌，就请马上围绕这个领域开始有效的主题阅读。

9.4
复盘：成为高手的秘籍

提到复盘，许多人或许会感觉很陌生。简单来说，所谓的复盘，就是对当天的情况做一个回顾和总结，从中发现问题，并以此为依据，指导日后的行动或改进行动内容，以达到自我提升的目的。

复盘最初其实是源于围棋的一个专有名词。在围棋界，几乎所有棋手都遵循着这样一条原则：不论输赢，赛后都要沉着冷静地复盘。这里的"复盘"是说棋手在结束一个棋局后，复演该盘棋，以分析对局中招法的优劣与得失的关键。在这一过程中，棋手会对自己和对方每一步的成败得失进行分析，同时站在不同角度深度思考、进行假设，想象更多的可能性，不断寻找新的方案与思路。通过复盘，当下次某种类似的局面出现在眼前时，棋手就能迅速摸清形势，找到应对方法，并将自己复盘后的理论与实际棋局相结合，迸发出更多的创造性。

你可能经常遇见这种情况：同样是工作一年，有些人的能力可以迅速得到提升，显得十分专业和老练，但你却进步得十分缓慢。是你不够聪明，抑或是不够努力吗？

其实不然，你和别人之所以会产生巨大差异，关键便在于别人掌握了工作中的套路，而你没有。

这里的套路，简单来说就是放在各个环节都行之有效的框架与经验，你可以将其内化为自己的东西，随时随地都可以调用。它最大的特点就是可以将杂乱无章的事物标准化、简单化。

那么，这种套路是如何形成的呢？答案很简单：通过一次又一次地复盘，在复盘中不断总结新的经验，寻找新的方法，从而持续提升自己的能力。

著名球星罗纳尔多（Ronaldo），就是一个"复盘狂人"。

通过纪录片《罗纳尔多》，我们发现，罗纳尔多之所以能成为一个世界级球星，不仅是因为他极其自律，身体素质优秀，还因为他拥有强大的"球商"，即踢球的智慧。

即便是在家放松、休息，罗纳尔多也会不断观看自己的比赛录像。他不仅是为了分析对手的战术，更是为了以一个局外人的角度，审视全局，分析自己的表现，不放过每一个传球、射门的动作，从中找出自己的漏洞与不足，以求进步。

看到这里，可能你会提出这样的疑问：复盘究竟应该怎么做呢？复盘应从结果和策略两个维度进行。

1. 结果维度

所谓结果维度的复盘，就是对整个过程进行复盘。在这一过程中，你首先要对自己的目标有清晰的认知，然后立足目标，对目标的完成过程进行层层梳理和分析，弄清楚在这个过程中，自己哪里做得好、哪里做得不好、哪里有问题，并针对实际的目标完成情况对核心指标的完成进行优化。

简而言之，结果维度的复盘就是把取得的阶段性成果明明白白地摆出来，并且在这个成果中发现问题、解决问题。

2. 策略维度

策略维度的复盘要求系统地总结结果达成过程中的成功经验和失败教训。要知道，在达成每一个目标的过程中，你所使用的目标达成方法和策略不可能完全相同。通过复盘判断究竟哪些目标达成方法和目标达成策略是正确的、可取的、值得沿用和推广的，对于提高你的目标达成能力至关重要。

具体来说，通过复盘，如果你发现使用某个目标达成方法或策略既能产生好的结果，又有好的过程，那么，这个目标达成方法或策略是可取的、有效的，在之后的目标达成过程中，你就可以对这个目标达成方法或策略进行全面的复制。

如果你发现使用某个目标达成方法或策略能带来好的结果，但没有好的过程；或不能产生好的结果，但有好的过程，那么，这个目标达成方法或策略在使用的过程中还存在一定的问题，需要进一步改进。

如果你发现使用某个目标达成方法或策略既不能带来好的结果，也没有好的过程，那么，这个目标达成方法或策略就是无价值的，你应该摒弃它。

9.5
人脉：加入有成果的人的学习圈

向有成果的人学习，是让自己成为有成果的人的最好捷径。

在打造个人品牌的道路上，有成果的人就是真正的实战出身的人，是真正打造个人品牌的人。

对于想打造个人品牌的人来说，跟着靠谱的人一起成长是很好的激励方式，一位优秀的拥有个人品牌的人对新人的言传身教，影响是深远的。

大多数普通人更倾向于用所谓的三观是否契合来评判一个人值不值得交往，这当然没有问题。但是在追求结果这件事上，做出成果的人对一件事的认知深度往往远远超过在一边指手画脚地评判的人。

有成果的人有时候因为条件、资源和天赋的限制，不一定能把一件事做漂亮，但他知道自己会遇到哪些困难，然后一点点地把困难克服。这个过程会带来非常难得的实战经验，站在外面，你永远感受不到，只有近距离接触和请教才有可能得到最真实的经验。

很多成功打造个人品牌的人都愿意帮助新人，都会立足于客观情况给新人提建议（给予新人客观的意见），分析一件事情的利弊，鼓励新人追求梦想，这对还在努力路上的人是很大的激励。

更重要的是，和有成果的人一起前进，你会被高能量的人带动，感觉你也可以尝试掌控自己的状态。好的状态可以激发你的内在行动力，让你形成更多积极的心理暗示，这样你就不容易被自己的负面情绪左右，而能专注于目标的达成。

很多人容易情绪化，这样的人很难打造个人品牌，因为他的意志力不够坚强。但有成果的人就不容易被情绪牵着走，即便发现自己陷入情绪，也会很快调整过来。

对想打造个人品牌的人来说，除了学会更好地掌控自己的情绪，加入高能量的人的圈子，接受身边人的互相影响也很重要。

如果你身边都是非常正能量、积极向上的人，那你的状态也不会太差，即便状态不好也会被大家的能量带动，继续奋斗、继续努力，并且大家成功的故事也会激励你坚持努力。

秋叶写书私房课的学员出书成功率高达30%，而且很多学员的新书都成功登上分类榜单第一，这让很多出版社的编辑非常吃惊。他们能做到这一点，就是因为秋叶写书私房课社群构建了一个学员互相激励的氛围，每一个同学出书时大家都互相打气、互相支持。这种氛围一方面让学员的新书得到了高能量学员的扩散，带来了更好的销量，另一方面也激励了还没有出书的学员继续努力，"既然大家都能出书，都没有放弃出书的梦想，我也应该坚持"。

万事皆有可能，和有成果的人在一起，你会发现实现目标的可能性变得更大。